hänssler

Hannelore Risch

Vergeben hilft leben

Nachdenken über den Segen der Versöhnung

Hannelore Risch ist Pfarrerin im Ruhestand,
verwitwet, hat sechs Kinder
und ist in vielfältigen Aufgaben tätig.

3. Auflage 2000, Hänssler Verlag, D-71087 Holzgerlingen
hänssler-Taschenbuch
Bestell-Nr. 392.796
ISBN 3-7751-2796-8

Innenillustrationen: Johannes Risch
S. 81: Evangelische Marienschwesternschaft
Umschlaggestaltung: Dialog Werbeagentur
Titelfoto: Bildagentur Mauritius
Satz: Vaihinger Satz + Druck
Druck und Verarbeitung: Ebner ULM
Printed in Germany

Vorwort

Auf Reisen oder auch bei Gesprächen daheim habe ich festgestellt, dass es ein allgemein verbreitetes Problem gibt, das viele Menschen betrifft: sich von Gott vergeben zu lassen und anderen zu vergeben. Ob es Frauen oder Männer sind, Jung oder Alt, Arm oder Reich, jeder kennt es und beschäftigt sich zeitweise damit. Darum habe ich manche Gedanken meiner Gesprächspartner und meine eigenen Erfahrungen zu einem Selbstgespräch zusammengestellt, als seien es die Überlegungen nur einer Person. In Wirklichkeit handelt es sich aber um die Einsichten mehrerer Menschen.

Meine Absicht ist, auf möglichst breiter Basis meinen Leserinnen und Lesern den Segen der Versöhnung nahe zu bringen; so kann sich beim Lesen jeder an der einen oder anderen Stelle wiederfinden.

Dieses Buch eignet sich vor allem zur privaten Lektüre und will zum Nachdenken über unsere Beziehung zu Gott und zu unseren Mitmenschen anregen. Beim Schreiben dachte ich besonders an die Frauen der Frühstückstreffen und an das, was sie bewegt.

Ich bat meinen ältesten Sohn Johannes, der Gemeindediakon in Germersheim am Rhein ist, meine Ausführungen zu illustrieren; das tat er gern. Es war mir eine Freude, mit ihm zusammen diesen Band zu verfassen und zu gestalten.

Beim Lesen wird man an meinem inneren Engagement merken, dass ›Vergebung und Versöhnung‹ für mich zu den zentralen und wichtigsten Botschaften des christlichen Glaubens gehören. Am Anfang des Buches beschreibe ich viele Ausflüchte, die uns hindern, dem Nächsten zu vergeben. Etwa in der Mitte führe ich aus, wie Gott uns vergibt und wir dadurch die Kraft erhalten, auch den anderen zu vergeben. Der letzte Teil erläutert, wie Versöhnung sich vielgestaltig auswirkt und zu einem Lebensstil werden kann.

Ich empfehle, bei der Privatlektüre dieses Buch nicht in einem Stück rasch durchzulesen, sondern bei jedem Abschnitt innezuhalten und über das Gelesene nachzudenken. Die angefügten Fragen können dazu anregen. Ebenso eignet sich manch unbedruckter Platz, um persönliche Bemerkungen einzufügen. Auf diese Weise wird die Lektüre besonders gewinnbringend und ermutigend sein.

Doch man kann dieses Buch auch in der Gemeindearbeit einsetzen.

Um es an einem Frauenabend oder Seniorennachmittag vorzulesen, ist es viel zu lang. Deshalb gibt es eine Kurzfassung: Das sind alle Abschnitte, die mit einem Kreis ○ gekennzeichnet sind. Diese Lesart enthält die wichtigsten Aussagen zum Thema. Beim Vorlesen darf man auf Besinnungspausen nicht verzichten, sonst ist es für die Zuhörer unzumutbar. Es sollte genügend Zeit gegeben werden, dass diese den Inhalt in sich aufnehmen können.

Die längere Version des Buches beinhaltet die Abschnitte, die mit einem Stern ✳ gekennzeichnet sind. Sie ist eine Erweiterung des Themas und fügt einige neue Gedanken hinzu. Besonders eignet sie sich für ein Seminar an mehreren Abenden, an denen auch Erlebnisse aus der Kindheit angesprochen werden können. Für einen Hauskreis, in dem Vertrauen gewachsen ist, bietet sich das ungekürzte Buch mit den im Anhang angegebenen Bibelstellen als Gesprächsgrundlage für viele Treffen an. Die Teilnehmer können innerhalb der Gebetsgemeinschaft Gott um Vergebung bitten und von einer/m Verantwortlichen die Absolution zugesprochen bekommen. Ebenso können sie ihre Vergebung für andere vor Gott und Zeugen aussprechen. Das verhindert, dass die Vergebung wieder zurückgenommen wird. Geschehene Versöhnung kann von den Hauskreismitgliedern begleitet werden.

Nicht nur die Teilnehmer freuen sich mit, sondern der ganze Himmel freut sich mit, wenn Vergebung und Versöhnung geschehen.

Die Zeichnungen eignen sich zum Fotokopieren – für einen kleinen Kreis auf Papier, für eine große Gruppe auf entsprechende Folien für den Tageslichtprojektor. Mein Sohn Johannes freut sich darüber, wenn sie zur Vertiefung des Themas beitragen. Er ist damit einverstanden, dass seine Illustrationen für die Verwendung in der Gemeinde vervielfältigt werden.

Man kann auch nur einige Bilder auswählen und daran aus dem eigenem Leben zeugnishaft Beispiele bringen oder die Teilnehmer bitten zu berichten, wo und wie sie Vergebung und Versöhnung erlebt haben.

Hinweisen möchte ich noch auf die bewegende Geschichte in Kapitel 7 aus meinem Buch »Was Frauen mit Gott erleben« (Hänssler). Sie kann als anschauliches Beispiel zum Thema verwendet werden. Da erzählt eine junge Frau, die eine schwere Jugend hatte, wie sie den Eltern vergibt und sich mit dem Vater versöhnt.

Gott vergibt, weil er uns liebt.
Den anderen vergeben
hilft miteinander leben.

○ ✳ Natürlich weiß ich es längst: Vergeben ist immer gut! Die Vergebung hat stets positive Ergebnisse. Je reifer ich werde, desto klarer wird es mir! Es ist mir auch bewusst, dass ich grundsätzlich alles und jedem vergeben soll. Wo kommen wir denn hin, wenn wir unversöhnlich bleiben? Unsere Gesellschaft krankt an nichts mehr als an zerbrochenen Beziehungen. Die dunkle Seite der Menschheitsgeschichte – voller Blut und Tränen – zeigt, wie furchtbar sich Unversöhnlichkeit ausgewirkt hat. Viele Gruppen und ganze Völker suchen sich gegenseitig zu vernichten, weil sie einander nicht akzeptieren können und unversöhnlich bleiben.

Deshalb möchte ich stets denen vergeben, die mich gekränkt oder enttäuscht haben. Besonders die alltäglichen Ärgerlichkeiten, diese Prellungen, die im Miteinander entstehen, verzeihe ich selbstverständlich. So ist es: Ich will großzügig sein und den anderen weder in Gedanken noch Worten dauernd vorwerfen, was sie mir angetan haben. Deshalb vergebe ich allen – ehrlich gesagt, den allermeisten.

Ich gestehe: Da sind einige Personen – nur ganz wenige! – die mich so sehr verletzt haben, dass ich ihnen nicht vergeben will. Sie sollen meine Schuldner bleiben; denn sie haben mir tiefe Wunden zugefügt, die nach Jahren und Jahrzehnten noch schmerzen. Deshalb habe ich auch gewisse Rechte gegen sie. Ich verlange von ihnen in Gedanken sozusagen ›Schmerzensgeld‹.

Andere Personen sind mir in manchem haushoch überlegen. Das kränkt mich. Sie weisen etwas vor, was ich im Grunde auch gern erreicht hätte. Sie haben mir zwar nichts angetan, aber ihr Sosein und Dasein belastet mich. Wenn ich mich mit ihnen vergleiche, fühle ich mich minderwertig und gedemütigt. Deshalb suche ich, etwas gegen sie vorzubringen. Sehr schnell finde ich auch ihre Schwachstellen heraus. Damit stehe ich endlich über ihnen. Das gibt mir ein besseres Gefühl.

Soll ich ihnen trotzdem vergeben? Vielleicht später einmal, wenn Gras darüber gewachsen ist. Aber vergessen? – Nein! – Vergessen werde ich es nie!

Zum Nachdenken:
Welche Personen haben mich verletzt?

* Es verschafft mir Genugtuung, meine Vorwürfe zu kultivieren. Jeden Morgen begieße ich diese mit Groll, dünge sie mit meinem Rechthaben und stelle sie ins Licht meiner Verachtung – vielleicht bis ans Grab. Meine regelmäßige Pflege verhindert ihr frühzeitiges Absterben und erfüllt mich mit Überlegenheit. So kann ich wenigstens in meinen Gedanken über solche Personen dominieren. Diese muss ich mir in meiner Vorstellung klein halten, um mich zu schützen. Sie könnten ja wieder über mich herfallen und ihr verletzendes Verhalten wiederholen!

Ihnen vergeben? Oh, nein! Ich bin doch nicht feige oder ein Schwächling!

Restlos verzeihen? Ich wüsste gar nicht wie!

Zum Nachdenken:
Warum sträube ich mich zu vergeben?

* Leider befinde ich mich manchmal in einer depressiven Stimmung und fühle mich erfolglos und gehemmt. Woher kommt es nur, dass ich so wenig Glück habe? Pech im Beruf, zerbrochene Freundschaften, verpasste Chancen, so viele Enttäuschungen. Das hat doch seine Ursachen! Woher kommt mein ganzes Unglück? Wer ist daran schuld?

Wenn ich in meine Kindheit zurückdenke, muss ich leider sagen: meine Mutter! Vater war meistens abwesend. Doch sie hat mich total falsch erzogen. Zuerst hat sie mich zu sehr bemuttert und kontrolliert, später leider vernachlässigt. Das werde ich ihr wohl mein Leben lang nachtragen.

Wenn ich darüber mit meinen Freunden rede, zeigen sie große Anteilnahme und erzählen mir Ähnliches aus ihrer Kindheit. Es scheint zur Zeit Mode zu sein, die Ursachen unserer Probleme im Fehlverhalten unserer Eltern zu suchen. Allerdings werden diese Schuldzuweisungen zu Mauern gegen die Personen unserer Kindheit.

Möglich, dass es dem einen oder anderen hilft, seine Vergangenheit zu analysieren und neue Verhaltensweisen einzuüben. Ob er aber dadurch eine befriedigende Antwort auf die Heimatlosigkeit seiner Seele findet? Ich bezweifle es.

Zum Nachdenken:
Welche Vorwürfe mache ich vor allem meiner Mutter?

○ Es ist immer dasselbe: Die andere Person sollte sich unbedingt ändern! Nicht nur ich, auch meine Freunde sind davon überzeugt. Hat sie sich doch bei jener unerquicklichen Begegnung rücksichtslos gegen mich verhalten! Typisch! Aber so war sie schon immer! Durch und durch egozentrisch! Ihr Frömmigkeitsstil geht mir auf den Wecker. Sie sollte endlich einmal ihren Glauben mit ihrem Leben vereinbaren! Ich gebe zu – wie man so schön sagt: ›Wir sind allzumal Sünder‹ – und ich bin auch kein Engel! Aber ihre Einstellung ist nicht überzeugend. Deshalb ist es mein gutes Recht, ihr einiges anzukreiden!

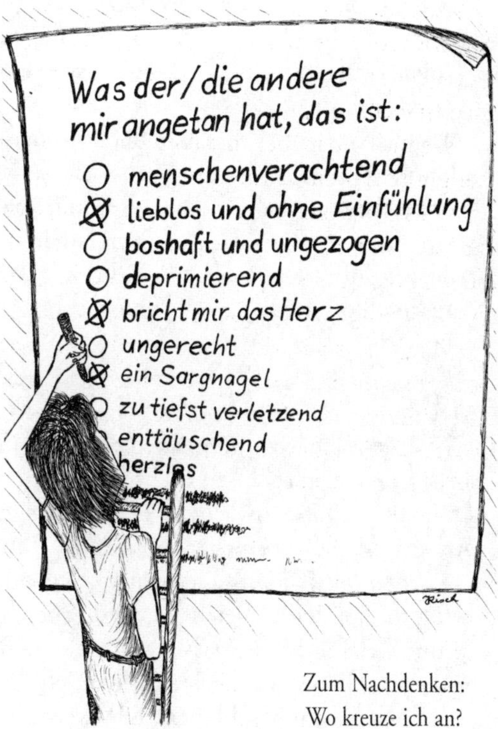

Zum Nachdenken:
Wo kreuze ich an?

Zum Nachdenken:
Welche Gefühle habe ich? Zutreffendes bitte unterstreichen!

Ich fühle mich ...

gekränkt
wütend
frustriert und entmutigt
bedrückt und beklommen
verängstigt
in die Ecke gedrückt
übergangen
abgelehnt
voller Bitterkeit
missverstanden
ungeliebt
blamiert
ungerecht verurteilt
diskriminiert
ausgeschlossen

voller Groll
abgekanzelt
ständig kritisiert
abgeschoben
eingeklemmt
minderwertig
wertlos
gehemmt und unfrei
zutiefst enttäuscht
ausgenutzt
burned out, ausgepowert
als Packesel der Familie
als Sündenbock hingestellt
wehrlos
missachtet

○ Wie gehe ich jetzt mit meinen negativen Gefühlen um? Ehrlich gesagt: ich gebe sie nicht gern zu. Sie zeigen nämlich auch meine Schwäche; denn eigentlich müsste ich ganz gelassen über solchen misslichen Situationen stehen. Doch leider kann ich es nicht. Ich fühle mich tief betroffen. Soll ich vielleicht offen zugeben, dass ich zornig und beleidigt bin? Dass ich Bitterkeit empfinde und sogar Angst habe? Am liebsten würde ich die andere Person auf den Mond schießen! Die weiteste Entfernung wäre mir gerade recht. Aber man darf doch keine solch negativen Gefühle hegen!

Also kehre ich sie unter den Teppich. Der kleine Hügel unter meinem Blumenteppich wird sich schon mit der Zeit gleichmäßig verteilen, so dass ich nicht darüber stolpere. Nun sieht niemand mehr meine Hassgedanken und Antipathien. Auch ich sehe sie nicht mehr. Ich drücke drei Augen zu! Bin ich nicht eine großzügige Person?

Es ist zwar heutzutage üblich, viel über seine Gefühle zu reden, um sie nicht zu verdrängen. Außerdem ist es ein Zeichen geistiger Gesundheit sowie ein Beweis für Ehrlichkeit, wenn man seine Nöte offen zugibt. Doch das fällt mir sehr schwer, denn ich habe es nie gelernt und eingeübt.

* Vielleicht ist es besser, zu schweigen und alles zu schlucken? Ich zwinge mich, diesen ganzen Konflikt hinunterzuschlucken, wenn es mir auch gar nicht behagt. Ich tue so, als hätte mich die ganze Angelegenheit nicht berührt, und wende mich anderem zu. Das ist wohl am klügsten. Schließlich bin ich eine tragfähige Person, belastbar auch für Unangenehmes!

Allerdings könnte es sein, dass manches Unverdaute meinem seelischen Gleichgewicht schadet, ja dass es mir bitter aufstößt oder gar seine Giftstoffe in meine Gefühle abgibt. Warum bin ich tagsüber so müde und oft schlechter Laune, zutiefst verbittert und unzufrieden? Warum habe ich abends Einschlafschwierigkeiten? Ich werde mir vom Arzt ein gutes Schlafmittel und einige Stimmungsaufheller verschreiben lassen!

Zum Nachdenken:
Welche negativen Gefühle habe ich?

* Um nicht weiteren Belastungen ausgesetzt zu sein, sollte ich wohl den Abstand zwischen mir und der anderen Person vergrößern. Es ist in jedem Fall unvorsichtig, mit ihr einen engen Kontakt zu pflegen. Das würde nur Stoff zu neuen Auseinandersetzungen liefern. Eine klug bemessene Entfernung verringert sicher die Reibungsfläche. Ansichtskarten aus dem Urlaub und ein Glückwunsch zum Geburtstag oder Neujahr dürften völlig ausreichen, dass ich mit gutem Gewissen sagen kann: »Wir? Wir haben selbstverständlich keinen Streit miteinander! Nicht einmal einen kalten Krieg!«

Zum Glück sind meine Gefühle, mit denen ich die Karten schreibe, nicht zu lesen. Oder sollten sie doch über viele Kilometer Entfernung Macht ausüben können? Meine negativen Schwingungen werden doch wohl beim anderen nicht ankommen und etwas bewirken? Eine solche Behauptung ist sicher übertrieben!

Ich ertappe mich, dass ich mich tagsüber oft mit dieser Person, deren Verhalten ich ablehne, beschäftige. Jemand, der mich gut kennt, sagt warnend: »Du bist, was du denkst!« – »Das wäre schlimm!« antworte ich, »denn ich erlaube mir, mich mit negativen Gedanken zu beschäftigen.«

Ich überlege und stelle fest: Tatsächlich schade ich damit kaum meinem Gegner, sondern am meisten mir selbst. Die Negationen verändern meine Persönlichkeit, bestimmen meine Worte, den Tonfall und meine Handlungen. Sie wirken verletzend auf andere, besonders auf die, die mir nahe stehen. Weil ich verletzt wurde, verletze ich. Weil ich gekränkt wurde, kränke ich.

Diese Erfahrungen machen mich bitter; aber machen sie mich auch klüger? Wie komme ich nur aus dieser Zwickmühle wieder heraus?

Zum Nachdenken:
Wem habe ich in letzter Zeit eins ausgewischt?

Am besten, ich igele mich ein und stelle alle meine Stacheln! Keinen Schritt mehr gehe ich auf die anderen zu! Wenn sie sich jetzt an mir vergreifen, dann stechen sie sich blutig.

Ich murmele ›heilige Schwüre‹: »Nie mehr werde ich

mich ihnen anvertrauen! Nie mehr Gutes von ihnen erwarten! Dann kann mich auch nichts mehr enttäuschen. Es ist endgültig aus und vorbei!«

○ Beleidigt ziehe ich mich in mein Schneckenhaus zurück. Je nach Lage kann ich mich tiefer hinein verkriechen oder vorsichtig aus der Öffnung spähen. So schütze ich mich vor neuen Angriffen. Der Panzer meiner Hauswand ist stark. An ihm prallen die Pfeile aus dem Hinterhalt ab. Nun können meine Nächsten sich Gedanken machen, warum ich mich zurückgezogen habe.

Zum Nachdenken:
Gegenüber welchen Menschen habe ich mich zurückgezogen?

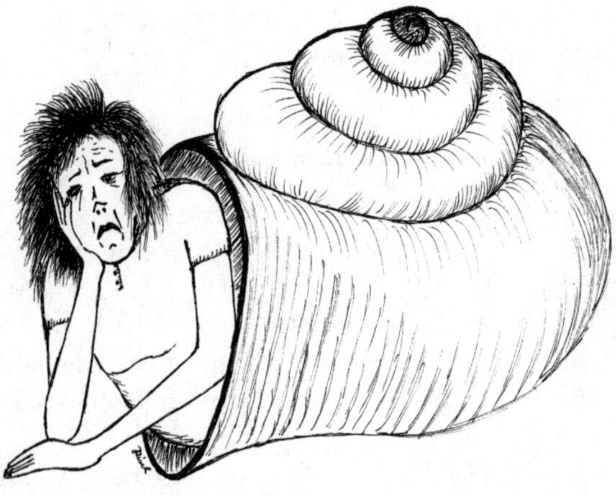

○ In meinem Schneckenhaus richte ich mich dementsprechend ein:

Mein Bad heißt ›Selbstmitleid‹, darin bade ich mich täglich. Da ist auch eine Brutkammer, in der ich viel über den Verletzungen brüte, die man mir zugefügt hat. Dabei sehe ich mir alte Filme aus meiner Kindheit an – Szene um Szene – das schmerzt sehr. Auch was ich in den Nächten träume, ist mir außerordentlich wichtig und beschäftigt mich den Tag über. Im Hintergrund steht mein uralter Plattenspieler. Ich lege morgens, wenn ich aufwache, und am Abend, bevor ich einschlafe, meine Klageplatte auf: »Ach, ich arme Person! Was hat man mir alles angetan! Ich bin ein Opfer der Ablehnung!« Immer wieder dasselbe Lied: »Ach, ich arme Person! Was hat man mir alles angetan! Ich bin ein bedauernswertes Mobbingopfer!« Die alte Platte hat leider einen Sprung. Sie wiederholt ununterbrochen die gleichen Passagen.

Oh, dieser Ohrwurm! Ich kann ihn nicht mehr hören! Könnte nicht jemand den Tonabnehmer abheben?

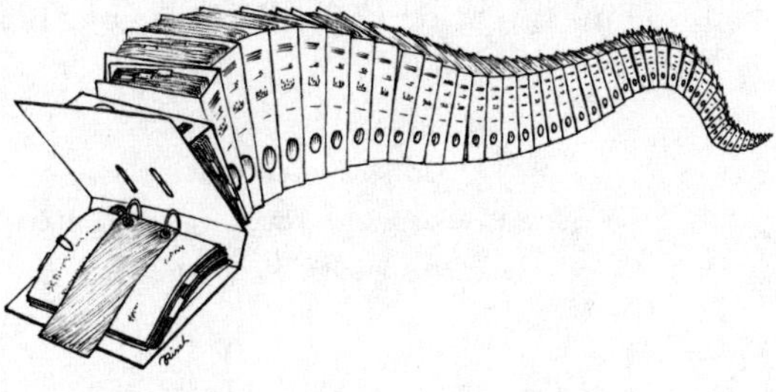

○ In meinem Schneckenhaus habe ich auch ein Bord voller Ordner. Hier trage ich für jede Person ein, was ich nicht vergessen darf: wo sie mich übersehen hat, jede lieblose Kritik, Angriffe, Enttäuschungen, Mängel in der Kindheit, Versagen meiner Eltern, meiner Geschwister, meiner Lehrer und vieles mehr. Ich führe genauestens Buch und zähle die Schuldzinsen zusammen. Die langen Strichlisten verleihen mir das Recht, laufend die Schuld einzuklagen. Wenn ich sonst auch nicht so erfolgreich bin, so bin ich doch auf diesem Gebiet ein Meister!

* Manchmal ertappe ich mich, dass ich in Gedanken ausführliche Anklage- und Verteidigungsreden halte gegen Personen, die gar nicht anwesend sind. Beim Aufräumen, Spazieren gehen oder beim Auto fahren bin ich redegewaltig und -gewandt. Es ist wie ein Zwang. Voller Überzeugung entwaffne ich meinen Gegner, der viele Kilometer von mir entfernt lebt. Ich spiele Kläger und Richter in einem. Meine Anklage ist so beweiskräftig, dass meine Jury den Angeklagten verurteilen muss. Wenn ich selbst auch nicht ganz unschuldig bin, so habe ich doch immer Recht. Eine reichhaltige Gedankenarbeit, die mich sehr beschäftigt! Ob sie mir Kraft für die Alltagsbewältigung raubt?

Zum Nachdenken:
Welche Anklage-und Verteidigungsgedanken
tauchen immer wieder bei mir auf?

* Öfter begebe ich mich auf ›Fehler-Such-Safari‹ – eine spannende Abwechslung in meinem öden Tagesablauf! Zuerst beobachte ich die andere Person kritisch aus der Ferne, dann pirsche ich mich näher heran und folge ihr ganz unauffällig. Wenn sie Fehler macht, sammle ich diese heimlich in meinen Korb und trage sie ihr nach. Dessen Gewicht wird immer schwerer und zieht mich nach unten. Darum erleichtere ich mich und werfe ihr bei Gelegenheit das Nachgetragene vor. Nun ist sie ganz überrascht oder entsetzt über meine Vorwürfe. Sie hatte nicht damit gerechnet.

Ist Nachtragen nicht unser gutes Recht? Es steckt wohl in der menschlichen Natur, Jäger und Sammler, Nachtragende und Vorwerfende zu sein!

Zum Nachdenken:
Was trage ich wem
heimlich nach?

○ Wenn meine Vorwürfe sich hoch gehäuft türmen, sperren sie den anderen wie in einen Schuldturm ein. Das Material, das ich ihm in Gedanken oder Worten vorgeworfen habe, hält lückenlos zusammen und wird ihm zum Gefängnis. Sorgfältig schließe ich die Gefängnistür ab und verwahre den Schlüssel.

Ob der Eingesperrte sich darüber ärgert oder ob es ihm gleichgültig ist? Jedenfalls hat er es verdient!

Oder kann es sein, dass in Wirklichkeit sogar ich selbst die Gefangene bin? Gefangen in Rachegedanken und negativen Gefühlen, gefangen in schmerzenden Erinnerungen, die meine Gegenwart einengen, gefangen in Bitterkeit und Groll, gefangen in Wut und Zorn?

Damit ich wegen meines Verhaltens kein schlechtes Gewissen habe, brauche ich Bestätigung. Sie ist leicht zu erhalten von solchen, die meinem Gegenüber auch nicht wohlgesonnen sind. Ich treffe sie gelegentlich, lasse zuerst nur einige abfällige Bemerkungen fallen. Später erzähle ich dann ausführlich, was der andere Schlechtes getan und Gutes unterlassen hat. Meine Gesprächspartner geben mir meistens Recht. Dann fühle ich mich gerechtfertigt.

Zum Nachdenken:
Wem habe ich Schlechtes über andere erzählt?

Eines ist sicher: Ich werde nicht voller Rache heimzahlen, was die andere Person mir angetan hat – nicht ›Auge um Auge, Zahn um Zahn‹. Keinesfalls werde ich Gleiches mit Gleichem vergelten. Ich bin doch nicht rachsüchtig! Das wäre unter meiner Würde. Ebenso weiß ich, dass Schadenfreude – ›das geschieht ihr ganz recht!‹ – die hässlichste Freude ist, die es gibt; obgleich ich dieser Person das eine oder andere Missgeschick gönne und eine gewisse Genugtuung empfinde, wenn es ihr nicht so gut geht.

○ ✳ Doch etwas werde ich ganz bestimmt unternehmen: mir wie Siegfried eine Hornhaut zulegen, damit ich nicht mehr so verletzbar bin. In Drachenblut gebadet, hat er dadurch eine fast perfekte Unverletzbarkeit erhalten. Wenn ihm dabei nur nicht das Lindenblatt auf seine Schulter gefallen wäre! Dadurch bekam er eine verwundbare Stelle. Die hat ihm den Tod gebracht.

Was ist eigentlich meine Lindenblattstelle? Sind es meine Allernächsten, die ich am meisten liebe und unter denen ich leide?

Mein Ehepartner? Ich hätte ihn nicht heiraten sollen!

Meine Kinder? Ja! Leider habe ich sie verwöhnt und

nicht genug gefordert. Abgerackert und aufgeopfert habe ich mich für sie! Und was ernte ich jetzt dafür? Kritik, Undankbarkeit und maßlose Ansprüche!

O weh! Nun habe ich mich heillos im Labyrinth meiner Gefühle verirrt! Wo ist nur der Ausgang? Ich habe ja völlig die Übersicht verloren!

O Gott, gib mir Durchblick!

○ ✳ Es ist höchste Zeit, in Ruhe über meinen Konflikt mit der anderen Person nachzudenken und ihn zu entwirren. Meine eigenen Urteile und Standpunkte müssen jetzt sachlich von mir überprüft werden. Keine Ausflüchte mehr!

Entspannt sitze ich an einem schönen, stillen Platz. Der Fernseher bleibt ausgeschaltet, Zeitungen und Illustrierte bleiben ungelesen. Nicht dringende Arbeiten lasse ich mit gutem Gewissen liegen. Nachsinnen und sortieren – das ist jetzt vorrangig.

Geist der Wahrheit, schenke Klarheit!

- Wie hat der Konflikt eigentlich begonnen?
- Wer sagte das erste verletzende Wort? Und warum?
- Habe ich Ähnliches schon früher erlebt?

Ich lasse schmerzliche Ereignisse aus der Vergangenheit an mir vorüberziehen. Obwohl ich im Abstand bleibe, merke ich: Das gleiche Gefühl von damals empfinde ich heute wieder – nur abgeschwächt.

- Wie hat sich der jetzige Konflikt Schritt für Schritt entwickelt?
- Welche Personen und Umstände waren ausschlaggebend?
- Wie sind die Gespräche verlaufen?
- Warum habe ich so und nicht anders reagiert?

Wie hat die andere Person daraufhin gehandelt? Welche Beweggründe mag sie gehabt haben? Wurde sie vielleicht durch eigene frühere Ereignisse geprägt? War ihre Kraft durch ständige Überforderung reduziert?

Ich will mich in sie hineindenken, damit ich ihre Reaktionen besser verstehen kann. Wie gut, dass ich noch nicht so festgefahren bin und mich in ihre Rolle versetzen kann! Erstaunlich: Ich sehe jetzt sogar in ihrem Verhalten einige positive Aspekte!

Welche Konsequenzen kann ich nun ziehen? Welche Schritte unternehmen? Wie will ich mich in Zukunft verhalten?

Vielleicht sollte ich mir über meine neuen Erkenntnisse einige Notizen machen und sie mit einem erfahrenen Menschen, der mich beraten kann, austauschen?

○✳ Natürlich kenne ich längst die Lösung für meinen Konflikt: ›Vergebe einer dem anderen!‹ So steht es auch in der Bibel.

Wie bitte? Ich soll dieser Person, die mir so Furchtbares angetan hat, vergeben? Ich armer Mensch soll ihr dieses verzeihen? Vergeben kann nur Gott. Er allein!

Aber im ›Vaterunser‹ habe ich schon oft gebetet: ›Vergib uns unsere Schuld, wie auch wir vergeben unseren Schuldigern.‹ Allerdings habe ich es nicht wortwörtlich gemeint, sondern unüberlegt nachgesprochen. Sollte vielleicht mein Vergeben einen Zusammenhang haben mit Gottes Vergebung für mich? Natürlich benötige ich diese lebensnotwendig wie jeder Mensch! Oh – oh, dann müsste ich ja aus Liebe zu mir selber auch dem anderen vergeben!

Gut! Ich bin bereit zu vergeben, wenn die andere Person mich reumütig um Verzeihung bittet und Besserung gelobt. Aber wenn sie meine Vergebung überhaupt nicht will oder gar meint, sie sei im Recht? Muss ich dann trotzdem vergeben? Dabei ist es augenscheinlich umgekehrt: Sie hat etwa 95 % Schuld, ich höchstens 5 %!

Ich seufze: Warum ist es nur so schwer zu vergeben?

Beim Nachdenken darüber, warum es für mich so schwierig ist, einem Menschen, der mich wirklich sehr verletzt hat, zu vergeben, wird mir einiges klar:

Da ist zuerst mein Gerechtigkeitssinn, der das Urteil fällt: ›Wer anderen Unrecht tut, muss bestraft werden!‹ Ein ungerechtfertigter Freispruch für einen, der seine

Schuld noch nicht bezahlt hat? Nein! Alles in mir schreit nach Verurteilung!

Aber Vergebung will nicht Gerechtigkeit, sondern Wiederherstellung und Heilung! Heilung der Persönlichkeit und Heilung der Beziehung.

Heilung? Sagt nicht das Sprichwort: ›Die Zeit heilt Wunden‹? Vielleicht bei anderen – aber nicht bei mir! Der Schmerz meiner alten Verletzungen bricht immer wieder auf. Kaum werden sie berührt, bluten sie schon wieder.

Ein anderes Hemmnis ist meine Vorstellung, ich würde durch meine Vergebung die Tat des anderen gutheißen. Keinesfalls will ich ihn damit für unschuldig erklären. Daher mein Problem: Kann ich die Tat vom Täter trennen? Das, was er mir angetan hat, war und ist schädlich. Doch kann ich dem Schadenverursacher verzeihen?

Mir wird klar: Vergebung beschönigt oder rechtfertigt nicht die Sünde.

Aber meine Verzeihung sollte wenigstens den anderen zum Guten verändern. Doch da bessert sich anscheinend gar nichts bei ihm! Er bleibt nach wie vor auf dem falschen Weg und zeigt keine Reue. Ist es nicht sinnlos, ihm zu vergeben, wenn er meine Vergebung gar nicht will und sich weiterhin im Recht fühlt? Mindestens sollte er für meine Großmut dankbar sein!

Es leuchtet mir ein: Meine Vergebung schafft in erster Linie meine eigene Befreiung, weniger die Änderung des anderen. Ich selbst soll frei werden von Groll, Bitterkeit und Hass.

Manche meinen: ›Vergeben heißt vergessen!‹ Welcher Unsinn! Ich kann doch nicht Einschneidendes aus meinem Gedächtnis reißen! Auch die schmerzende Vergangenheit gehört zu meinem Leben. Ich kann sie nicht totschlagen und begraben! Aber ich will lernen, mit ihr umzugehen, sie zu verarbeiten und dadurch reif werden.

Es könnte auch sein, dass Gott meinem Gegenüber längst vergeben hat, und ich erdreiste mich, dessen Schuld immer noch festzuhalten. Dadurch mache ich mich vor Gott strafbar.

Mehr und mehr wird mir klar: Wenn ich nicht vergebe, schade ich am meisten mir selbst! Ich selbst bin der Verlierer.

○ ✳ Jetzt geht mir endlich ein Licht auf: Das, was mich am anderen ärgert, das ist auch meine Sünde. Um meine eigene Schwäche besser zu sehen, hatte ich mir eine stärkere ›Brille‹ zugelegt. Mit ihr sehe ich nun die gleichen Fehler bei meinem Nächsten umso schärfer. Doch ich sollte mehr auf mich schauen und gründlich vor der eigenen Türe kehren! Sieh da, bin ich nicht genauso stur wie mein Gegenüber? Genauso kritisch? Genauso egozentrisch? Genauso lieblos? Was mich am anderen ärgert, müsste mich zu allererst an mir selber ärgern. Ich war wohl mit Blindheit geschlagen und hatte keine Ahnung, was da Böses in mir steckt.

Ich sehe es ein: Ich bin nicht besser als die anderen! Auch ich benötige Vergebung. Wofür? Oh, Gott, wofür?

Es ist mir, als würde ein Scheinwerferstrahl durch die Räume meiner Gedanken und Gefühle schwenken. Als ein leuchtender Finger deutet er auf das eine und andere in meinem Wesen – nicht scharf bloßlegend, sondern liebevoll aufdeckend. Ich lasse es zu, will auch nichts mehr verstecken.

Zum Nachdenken:
Worauf fällt bei mir Gottes Scheinwerfer?

○ ✳ In Gottes Licht sieht diese Angelegenheit ja völlig anders aus. Vor ihm muss ich nur für meine Schuld gerade stehen – nicht für die der anderen! Für meinen Richtgeist, meine Bitterkeit, meinen Neid, meinen Unwillen, den anderen zu vergeben, für meine Verleumdungen anderer, meine Unaufrichtigkeit, meinen Ärger, mein Nachtragen und Vorwerfen, für meine Unversöhnlichkeit, meinen ungebrochenen Stolz, meinen Geiz, meine Eifersucht und Überempfindlichkeit, für meine sexuellen Verfehlungen, meine hochmütigen und verächtlichen Gedanken, mein hartes Herz, für mein Misstrauen und so vieles andere brauche ich dringend Gottes Vergebung.

Sogar ihn selbst habe ich aus den Augen verloren, ihm oft die kalte Schulter gezeigt oder seine Gegenwart nicht mehr wahrgenommen! Ja, den liebenden, heiligen Gott habe ich respektlos an den Rand meines Lebens gedrängt. Anderes war mir wichtiger als er. Darauf beruhen alle meine Verfehlungen.

Ich erschrecke über meine bisherige Oberflächlichkeit. Habe ich doch gar nicht gemerkt, dass ich das eigentliche Ziel meines Lebens verfehlt habe!

Das tut mir aufrichtig Leid! Meine Schuld ist groß. Ich kann sie nicht abtragen. Bleibt sie nun ewig vor Gott und meinem Gewissen stehen? Werde ich dafür in den Schuldturm kommen?

Ich bitte um Begnadigung.

○ ✳ Da ist es mir, als habe Gott schon lange auf mich gewartet und voller Liebe nach mir Ausschau gehalten. Er liebte mich schon, als ich noch ganz fern von ihm war. Er hat Sehnsucht nach mir – und ich Heimweh nach ihm. Darum kann ich ohne Hemmungen zu ihm kommen, so wie ich bin: mit meinem Versagen, mit den gebrochenen Versprechungen, mit Angst und Misstrauen im Herzen. Seine Arme sind ausgebreitet und laden mich ein. Sein tiefstes Verlangen ist, mir zu vergeben und mir ein erfülltes, glückliches Leben zu schenken. Er verurteilt mich nicht, sondern begegnet mir voller Liebe. Weil er mich vorbehaltlos liebt und annimmt, kann ich offen meine Fehler und mein Versagen zugeben. Ich brauche sie nicht mehr zu bemänteln. Welche Freiheit, dass ich nun ohne Angst, abgelehnt zu werden, ihm meine Schuld zeigen kann!

○ ✳ In der Bibel, im Kolosserbrief, Kapitel 2, Vers 14, steht:

»Gott hat den Schuldbrief getilgt, der mit seinen Forderungen gegen uns war. Er hat ihn weggetan und ans Kreuz geheftet.«

Das war vor 2000 Jahren für die damaligen Menschen. Ob das aber heute noch und für alle Menschen gilt? Ist damit auch meine Schuld gelöscht?

Beim Nachdenken wird mir einiges klar: Jesus Christus, Gottes Sohn, unterliegt nicht – wie wir Menschen – der Dimension Zeit mit Vergangenheit, Gegenwart und

Zukunft. Für ihn ist immer alles Gegenwart. Also konnte er damals auch mich sehen und meine heutige Schuld bezahlen. Noch mehr: Er tilgte vor 2000 Jahren alle Schuld für alle Menschen aller Zeiten; unabhängig davon, ob der einzelne Mensch die Schuldtilgung annimmt oder leichtfertig übersieht. Sie hat allerdings erst dann für mich einen Wert, wenn ich sie mir dankbar bewusst mache und in mein Leben hineinnehme.

Zum Nachdenken:
Hängt auch mein Schuldbrief am Kreuz?

○ ✳ Es ist kaum zu glauben: Einem muss ich sehr liebenswert sein; denn freiwillig hat er meine ganze Schuld bezahlt in der einzigen Währung, die im Himmel und für alle Zeiten gültig ist. Nur dieses eine Zahlungsmittel erkennt Gott an: Es ist das Blut seines geliebten Sohnes, das er am Kreuze sterbend vergossen hat.

Nun kann Gott meine Schuld nicht mehr einfordern, denn der Schuldfreie hat für mich Schuldigen bezahlt. Sie ist restlos getilgt. Gott denkt nicht mehr daran.

Der wahrheitsgetreue Videofilm über mein von Gott getrenntes Leben ist gelöscht. Es sind keine Beweise mehr vorhanden! Ich staune, dass es dieses Unvorstellbare für mich gibt!

Auch kein Mensch darf mir die frühere Schuld noch anrechnen – weder in dieser Zeit noch in der Ewigkeit. Selbst Satan, der Verkläger, kann sie nicht mehr gegen mich anführen. Alles ist beglichen!

Was für ein Geschenk! Völlig unverdient! Es fällt mir nicht leicht, es ohne Gegenleistung anzunehmen. Doch jeden Tag lerne ich die tiefe, hingebungsvolle Liebe, die Gott ausgerechnet mir entgegenbringt, etwas besser kennen. Es ist ein Lernprozess. Mehr und mehr erfasst mich eine warme Liebe zu dem, der so viel für mich getan hat. Gott ist nicht mehr mein furchterregender Richter, sondern mein lieber Vater! Sein ganzes Wesen ist durch und durch Liebe für mich! Ich könnte vor Freude weinen.

Je gründlicher ich darüber nachdenke, desto froher und freier werde ich. Frei und ledig aller Schuld! Zugehörig zu Gottes geliebter Familie! Nicht zu fassen! Danke! Danke!

Ich fühle mich wie neugeboren. Meine innere Herzenskälte ist in Gottes Wärme wie Eis in der Frühlingssonne geschmolzen. Das ist überströmende Gnade. Darin will ich von jetzt an leben und nie mehr ausbrechen!

Ich lasse mich von dieser Gnade und Gottes Vergebung füllen wie ein leerer, frisch gereinigter Brunnentrog, der überläuft. Auch die Brennnessel, die gebrannt, und die Hornisse, die gestochen hat, können sich daran laben. Nicht zu fassen: Nun erscheint mir das, was andere mir angetan haben, gering zu sein im Vergleich zu dem Strom des Friedens, der an Jesu Kreuz seinen Ursprung hat und mich nun erfüllt.

○ ✳ Deutlich sehe ich ihn vor mir, wie er am Kreuz hängt: An Händen und Füßen ist er dort angenagelt. Die grässliche Dornenkrone sticht ihm in die Stirn. Das Blut rinnt ihm in die Augen. Der ganze Leib ist mit Wunden und Striemen, blauen Flecken und Beulen bedeckt. Sein Mund ist qualvoll geöffnet. Er hat furchtbaren Durst.
Aber was seine Seele durchmacht, das ahnt kein Mensch. Er leidet Höllenqualen. Fast alle seine Nächsten haben ihn

im Stich gelassen. Selbst Gott scheint ihn verlassen zu haben. Sterbend ist er umgeben von grausamen Peinigern, die Lust daran haben, ihn zu quälen. Sie spotten und verhöhnen ihn mit schmähenden Worten. Und was betet der Gefolterte? Nicht: »Gott, verdamme sie alle!« Sondern: »Vater, vergib ihnen; denn sie wissen nicht, was sie tun!«

Jesus, welch ein Vorbild bist du im Vergeben!

Du vergibst mir ebenso wie den Personen, die dich und mich verletzt haben.

○ ✳ Nun fällt es mir nicht mehr schwer, aus der Fülle der Vergebung etwas abzugeben an die, die mich gekränkt haben – auch wenn niemand mich reumütig darum bittet. Reich geworden durch Gottes Vergebung, kann ich jetzt vom Überfluss weiterreichen. Ja, ich will es, und ich tue es:

Ich stelle mir vor, ich gehe jetzt auf meinen Schuldner zu, reiche ihm die Hand und spreche:

»Ich vergebe dir alles! Wie Gott mir, so ich dir!«

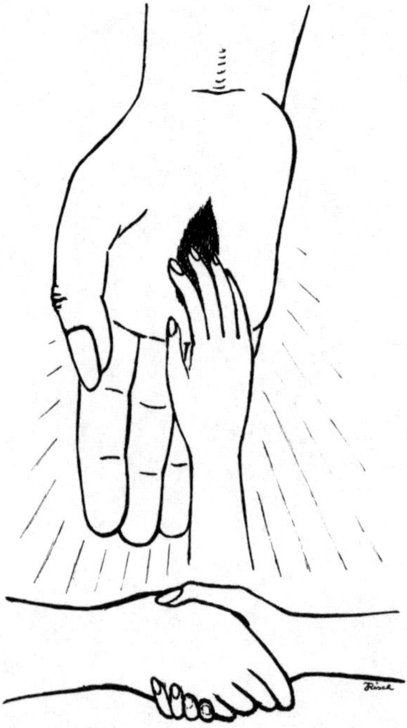

Das hiermit verziehene Fehlverhalten will ich nie mehr aufwärmen. Es darf nicht mehr von mir erwähnt werden; denn es ist vergeben, so wie Gott mir völlig vergeben hat!

Damit ich nie mehr meine Verzeihung in gekränkter Laune rückgängig machen werde – inzwischen habe ich mich besser kennengelernt! – verfasse ich ein ›Dokument‹ und trage den Namen meines Schuldners ein.

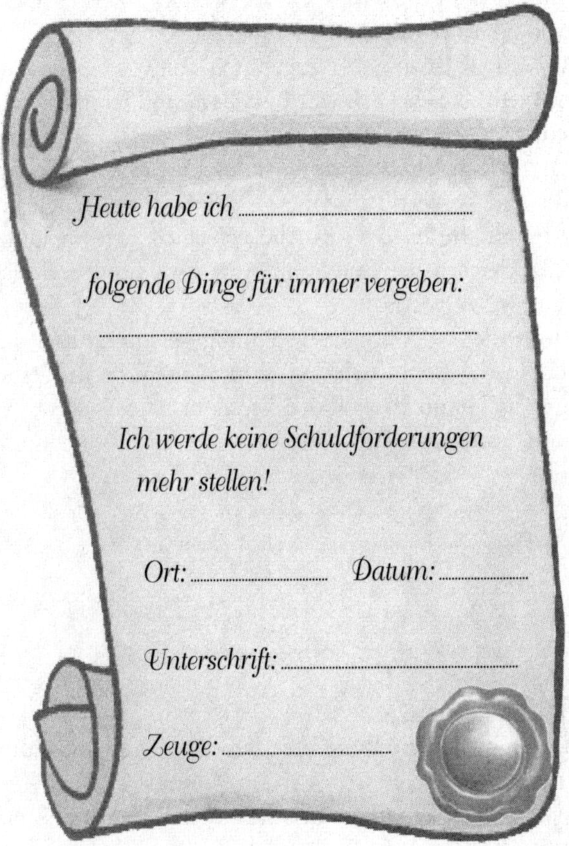

* Diese Person wird mit der Zeit an meinem Verhalten merken, dass ich ihr wirklich vergeben habe. Ich brauche gar keine Worte darüber zu verlieren.

Solche ›innere Vergebung‹ ist ein Rechtsakt, den ich vor Gott und eventuell vor einem Zeugen vollziehe. Damit habe ich alle meine Rechte gegen meinen früheren Schuldner aufgegeben. Gefühle werden hierbei nicht mehr berücksichtigt!

Außerdem ist ›innere Vergebung‹ ein Willensakt und keine Gefühlssache. Ich will vergeben, und ich kann vergeben. Es gibt keine Ausrede mehr!

Ich habe mich bewusst entschieden, meinen Standpunkt der Vorwürfe und des Nachtragens aufzugeben. Tief in mir hoffe ich, dass die verschüttete Zuneigung füreinander mit der Zeit keimen und wachsen und wieder aufblühen wird.

Der andere mag noch so schuldig geworden sein, ich werde mich nicht mehr an ihm rächen. Wenn einer Richter ist, dann ist es Gott! Er allein hat das Recht zu richten. Und nicht ich!

Zum Nachdenken:
Für welche Personen will ich ein ›Dokument‹ verfassen?

○ In meiner Vorstellung hole ich den Gefängnisschlüssel herbei, schließe wortlos den Schuldturm auf und lasse den Gefangenen heraus. Statt neuer Vorwürfe sende ich ihm segnende Gedanken zu: »Gott segne dich!« Ich freue mich, dass er nun frei ist, und wünsche ihm alles Gute. Damit habe ich ihn vor mir selbst entschuldigt.

Jetzt kann auch bei ihm ein Prozess der Umwandlung beginnen. Er hat noch Wesentliches zu lernen: Darum lasse ich Gott seinen Lehrer sein. Er hat Strafe verdient: Ich lasse Gott seinen Richter sein. Er braucht Lösung von seinen Bindungen: Jesus ist sein Erlöser. Meine Aufgabe ist es nur gewesen, ihn aus dem Schuldturm meiner Vorwürfe freizulassen.

Gleichzeitig ist noch eine Gefangene freigekommen: nämlich ich! Ja, ich! Ich war eine Sklavin der Rachsucht, der Verbitterung und der Anklage. Aber jetzt bin ich aus deren Würgegriff befreit. Halleluja!

○ Ich wundere mich, welche Verwandlung in mir vorgeht: In mir wächst mehr und mehr das Verlangen, kaputte Beziehungen zu anderen Menschen wiederherzustellen.

Ich will nicht mehr im Geheimen Schuldzuweisungen auskochen, will keine Bestrafung oder Vergeltung mehr, sondern entlaste meine Schuldner, einen nach dem anderen. Für jeden verfasse ich ein eigenes ›Dokument‹, wie ich es nenne, und verwahre es. Die ›Grollverbindung‹, die ich zu jedem hatte, ist jetzt durchgetrennt, und dafür ist eine ›Vergebungsverbindung‹ geknüpft.

Allerdings sind die unguten Ereignisse längst nicht vergessen. Natürlich erinnere ich mich noch daran. Aber was für ein Unterschied: Ich empfinde nicht mehr die düsteren Gefühle, wenn ich daran denke. Der Stachel ist herausgezogen. Auch muss ich diese Erinnerungen nicht mehr negativ bewerten. Sie haben kein belastendes Gewicht mehr. Darum werden sie mit der Zeit wohl nach und nach verblassen.

Vorbei und vergangen! Neues beginnt! Welch ein Segen!

Zum Nachdenken:
Kann ich denen Gutes wünschen, die mich sehr verletzt hatten?

Ich segne folgende Personen:

Ich wünsche ihnen:

* Ich gebe zu: Dieser rein gedankliche Bewältigungsprozess gelingt mir nicht von heute auf morgen. Niemand erwartet, dass Jahre traumatischer Erlebnisse und tief eingeschliffene Verhaltensmuster der Ablehnung über Nacht verschwinden. Vergebung ist ein Akt! Heilung ist ein Prozess und braucht Zeit! Sie benötigt Wochen, Monate, vielleicht einige Jahre. Weil sich Groll und Bitterkeit oft lange in mir eingenistet haben, kann es viel Zeit und Einsatz erfordern, alles auszumisten. Je tiefer sie in mir Wurzel geschlagen hatten, desto gründlicher muss ich sie ausreißen. Doch es lohnt sich! Ich habe sogar den Eindruck, ich werde durch diese Erfahrung reifer und gewinne an Lebensweisheit und innerer Stärke hinzu. Mein himmlischer Vater will mich nicht nur von den Schmer-

zen vergangener Verletzungen befreien, sondern auch meinen Charakter aufbauen.

Mehr und mehr erfüllen mich Harmonie und Dankbarkeit. Kein Giftstachel mehr in mir – dafür körperliches und seelisches Wohlbefinden! Friede mit Gott und Friede mit meinen Mitmenschen – etwas Besseres gibt es nicht. Darum werde ich diesen Weg der Vergebung immer wieder gehen, wenn es nötig ist. Weil ich ihn jetzt kenne, werde ich ihn in Zukunft viel schneller finden.

○ Höchste Zeit, dass ich die lange Registratur der Schuldordner ausräume. »Hilft mir denn keiner?« stöhne ich verzweifelt. »Doch – ich!« Gott sei Dank: Einer ist an meiner Seite. Vereint stecken wir alle Schuldpapiere in den Reißwolf. Sie sind nicht mehr zu lesen. Die ›alte Platte‹ wird entsorgt. Gemeinsam wird gründlich mit dem stärksten Staubsauger unter dem Blumenteppich gereinigt. Mit Schwung werfen wir meinen Nachtragekorb und alle Igelstacheln in die Mülltonne. Dann transportieren wir zusammen das Schneckenhaus ab. Die Giftfässer im Keller meines Bewusstseins bringen wir zum Sondermüll. Auch der Atommüll meiner Unversöhnlichkeit, der mir den Tod gebracht hätte, wird endgelagert.

Im Beisein meines Zeugen widerrufe ich die alten, unheiligen Schwüre, niemandem mehr zu vertrauen. Meinem Untermieter, Herrn Groll, dem ich leider hörig war, kündigen wir mit sofortiger Wirkung!

Ist es möglich, dass ich sogar gegen Verstorbene noch Bitterkeit im Herzen habe? Mit ihrem Sterben ist mein

Groll leider nicht gestorben. Durch ihren Tod haben sie keinen Heiligenschein von mir bekommen.

In Gedanken durchwandere ich frühere Ereignisse. An den Stellen, wo das Fehlverhalten eines Verstorbenen mich schmerzt, sage ich laut: »Ich vergebe dir und trage dir ab heute nichts mehr nach!« So erfahre ich dabei selbst das Geschenk der Ent-lastung. Wie gut, dass es diese Möglichkeit gibt!

Nach dieser umfassenden Reinigung erfüllt mich tiefe Befriedigung. Soweit ich es erkennen kann, ist alles in Ordnung. Mein Helfer hat liebevoll den Tisch gedeckt und lädt mich ein: »Komm, es ist alles bereit! Lass uns jetzt das Abendmahl miteinander halten!« Still setze ich mich zu ihm. Da erkenne ich ihn! Eine beglückende Gemeinschaft verbindet uns. Staunend sehe ich: der ›Becher des Zorns‹, den Gott mit Recht hätte über mich ausschütten können, hat sich in den ›Kelch des Heils‹ verwandelt. Dankbarkeit und Freude erfüllen mich.

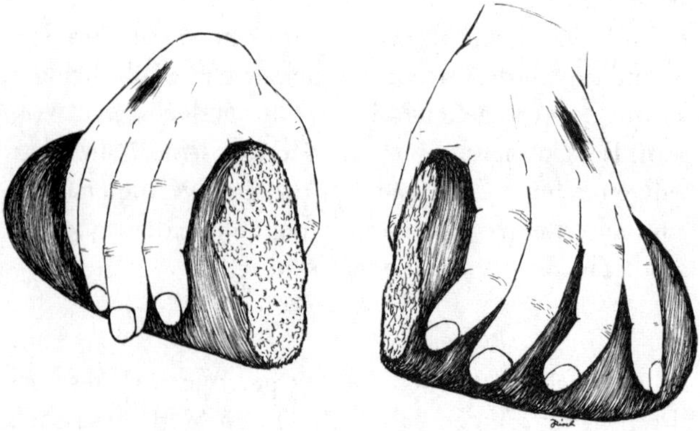

✳ Trotz des guten Gefühls, das mich erfasst hat, stelle ich nüchtern fest: Gottes Vergebung empfangen und den anderen vergeben, ist eine Tatsache. Sie kann – je nach Umständen – ohne jede Gefühlserhebung stattfinden. Gefühle können trügen. Zum Glück ist Vergebung nicht von ihnen abhängig. Zwar sagen mir meine Zweifel: »Du hast ja immer noch Schuldgefühle, obwohl du Gott um Vergebung gebeten hast! Vielleicht hat er dir gar nicht verziehen?« Gegen dieses Misstrauen stecke ich mir nun ein ›biblisches Dokument‹ an den Spiegel:

»Wenn wir unsere Sünden bekennen,
so ist Gott treu und gerecht
und vergibt und reinigt uns
von aller Ungerechtigkeit.«

1. Johannesbrief, Kapitel 1, Vers 9

Gott steht zu seinem Wort. Er hat mir vergeben. Hier steht es schwarz auf weiß. Ich verlasse mich darauf, ganz egal, was ich fühle! Immer wieder lese ich diesen Bibelvers und lerne ihn auswendig, bis er sich tief in mir verankert hat. Wenn ich schwach bin und fast alles vergessen habe, soll er meine Dunkelheit erleuchten: Gott vergibt mir und reinigt mich! Mit dieser Gewissheit kann ich ruhig leben und, wenn es an der Zeit ist, in Frieden sterben.

✳ Ich weiß es genau: Ich habe meinem Nächsten wirklich verziehen; trotzdem wurmt mich hie und da, was er mir angetan hat. Ein heimtückischer Wurm nagt meine Vergebungsgewissheit an: »Vielleicht hast du ihm gar nicht richtig vergeben, weil immer noch Enttäuschung in dir hochsteigt?« Tatsächlich, meine Grollgefühle sind wie ein langer, zäher Rattenschwanz, der meinen gedanklichen Entscheidungen anhängt.

Darum hole ich auch noch mein selbst verfasstes Dokument mit dem Namen meines früheren Schuldners aus einer Schublade hervor und stecke es mir ebenfalls an den Spiegel. So sehe ich es mehrmals täglich. Hier steht es klar und deutlich, dass ich ihm vergeben habe! Jetzt wird der Rattenschwanz mit der Zeit zu einer Mumie eintrocknen; denn meine Gefühle haben sich meinem Willen und meinen Entscheidungen unterzuordnen. Sie dürfen mich nicht mehr beherrschen.

* Ein anderes Hilfsmittel gegen ›grollende Erinnerungen‹ ist meine ›positive Liste‹. Hier schreibe ich alle angenehmen Seiten meines früheren Schuldners auf: seine Vorzüge, seine Begabungen, wo er Gutes getan hat, wo er Schweres auf sich genommen hat, seinen Fleiß, seine Leistungen… Erstaunlich, dass mir jetzt so viel Positives einfällt, wo ich früher nur das Negative an ihm gesehen habe! Die Vergebung hat meine Ansicht über ihn verändert. Sie hat mir einen neuen Blick und Verständnis für ihn geschenkt.

Ich danke Gott, dass er mir diesen Menschen in meinen Weg gestellt hat und dass ich durch die Auseinandersetzung Wesentliches erkannt habe.

Zum Nachdenken:
Welche positiven Eigenschaften hat mein früherer Schuldner?

Jawohl, ich – ja, ich habe restlos vergeben! Gut gemacht! Schleicht sich schon ein ›frommer Stolz‹ bei mir ein?

Fast hätte ich übersehen, dass mein Vergeben ohne göttlichen Beistand niemals gelungen wäre. Wieviel Mühe und Arbeit habe ich dem Heiligen Geist gemacht, bis ich es endlich gelernt habe! Drei Schritte sind dazu notwendig gewesen:

1. Jesus am Kreuz anzuschauen, wie er seinen Peini-

gern vergibt, die ihm viel Schlimmeres angetan haben als meine Nächsten mir. Er ist mein hochverehrtes Vorbild.

2. Ich kann Gottes Vergebung für mich so reichlich empfangen, dass ich genug habe, um davon an meine Schuldner weiterzugeben. Geiz ist nicht angebracht! Ich muss nur bereuen, dann werde ich über alle Maßen beschenkt und kann mit vollen Händen weiterreichen.

3. Im Gehorsam Gott gegenüber – und auch aus Liebe zu meinem Nächsten – und natürlich zu mir selbst – kann ich vergeben, wenn ich will. Ich bin nicht überfordert. Gott fordert nichts von uns, ohne uns die Kraft zu geben, es auch zu tun.

Zwar bin ich von Natur aus eine hochmütige und nachtragende Person, aber ich muss nicht so bleiben, wie ich war. In Gottes Schule will ich Neues dazulernen und unbedingt das Ziel erreichen.

Können auch Nichtchristen vergeben? Oder sollte diese Gabe nur ein Vorrecht der Christen sein? Nein! Sie ist eine allgemein menschliche Fähigkeit, jedem Menschen in die Wiege gelegt. Doch sie verkümmert, wenn sie nicht möglichst viel gebraucht wird. Allerdings sollte es den Christen leichter fallen, anderen zu verzeihen, weil sie aus Gottes Überfluss schöpfen können, wenn es ihnen an Vergebungskraft mangelt. Aber oft werden sie von Nichtchristen beschämt, die eine weitreichende Vergebungsbereitschaft zeigen. Einer von ihnen schrieb: »Wie kann man leben, wenn man nicht jeden Abend sich und anderen eine Absolution erteilt?«

Uns allen hat Gott die Gabe der Vergebung geschenkt; denn er weiß, wie sehr wir uns gegenseitig verletzen. Deshalb ist Vergeben die einzige Möglichkeit, um zerbrochene Herzen und kaputte Beziehungen zu heilen.

Muss ich einem Betrüger, Lügner und Verleumder oder Sittenlosen, dem ich alles vergeben habe, gleich wieder vertrauen? Kann man es von mir erwarten, dass ich ihm Vertrauen schenke, nachdem er Geld veruntreut hat? Beim Nachdenken wird mir klar: Vertrauen und Vergebung sind nicht dasselbe. Sie unterscheiden sich: Vergebung wird bedingungslos geschenkt – aber Vertrauen muss verdient werden! Weil der Betrüger mein Vertrauen missbraucht hat, fordert meine Vergebung lediglich, dass ich ihm oft Gelegenheiten gebe, mein Vertrauen zurückzugewinnen. Eine Wiedergutmachung würde dazu beitragen. Allerdings werde ich ihn nicht in Versuchung führen und ihm gleich wieder Geld oder anderes anvertrauen. Hier muss ich aus den Erfahrungen gewisse Konsequenzen ziehen, die aber meine Vergebung nicht rückgängig machen.

Wenn Menschen, und seien es Freunde, mich schamlos ausnutzen und meine Großzügigkeit missbrauchen, dann darf ich ihnen Grenzen setzen, ohne meine Vergebung zu schmälern. Das wird sie zum Nachdenken über ihr egoistisches Verhalten anregen. In konsequenter Liebe Nein sagen, ohne Schuldgefühle zu haben – das will ich lernen!

Dem anderen in Gedanken alles vergeben, das ist der einzige Weg, die Atmosphäre zu entgiften – ohne Worte

– in aller Stille! Doch in meinem Leben gibt es einige Menschen, für die ich aus pädagogischen, seelsorgerlichen oder familiären Gründen Verantwortung trage: Familienangehörige, gute Freunde, Geschwister, Mitarbeiter in der Gemeinde und andere. Wenn ich ihnen stets immer wortlos verzeihe, dann fühlen sie sich vielleicht in ihrer fehlerhaften Haltung von mir bestärkt. Dadurch entgeht ihnen die Chance, sich selbst zu erkennen, sich zu ändern und reifer zu werden. Deshalb habe ich auch die Verpflichtung, ihnen liebevoll die Augen für ihre Schwachstellen zu öffnen.

Vergebung ist nicht Toleranz! Nachsicht bringt uns nicht weiter! Ich kann meinen Nächsten vergeben und dennoch ihr Verhalten nicht tolerieren. Keinesfalls reicht es aus, stets freundlich die Wogen zu glätten und den Konflikt nicht anzusprechen. Harmonieliebend, wie ich bin, gehe ich allerdings am liebsten der Konfrontation aus dem Wege. Das ist für mich am bequemsten.

Soll ich doch etwas sagen? Was? Wann? Wie? Wo? Ich schwanke zwischen Laxheit und Verantwortung hin und her.

Soll ich dem anderen den ›Splitter aus seinem Auge‹ ziehen? Aber vielleicht habe ich noch in meinem Auge den ›Balken‹ der Verärgerung und Vergeltung? Dann wäre meine Sehkraft blockiert. Um den schmerzenden Splitter aus dem empfindlichen Auge zu ziehen, benötige ich genaues Hinsehen, liebevolle Sorgfalt und eine zarte Hand. Also ein Dreierschritt:

- zuerst den eigenen Balken erkennen, bereuen und mit Gottes Hilfe entfernen
- dann dem Nächsten im Vorhinein im Stillen vergeben

- in besonderen Situationen ihn taktvoll fragend auf seine Fehlhaltung aufmerksam machen: »Könnte es vielleicht sein, dass …?« oder: »Mir ist da etwas aufgefallen: … Wie siehst du es?« oder: »Es ist vielleicht keine große Sache, aber ich komme nicht so ganz damit zurecht, dass du …!«

Jetzt hat er die Möglichkeit, sein Fehlverhalten zu erkennen und zu verändern.

So wie Jesus es bei Matthäus im 7. Kapitel empfiehlt: »Ziehe zuerst den Balken aus deinem Auge und dann siehe zu, wie du den Splitter aus deines Bruders Auge ziehst!«

Zu meiner Beschämung muss ich feststellen, dass ich etwas gegen eine sehr penible Person habe, die mir nie Schlimmes angetan hat. Da ist gar nichts zu verzeihen. Ganz im Gegenteil: sie ist stets freundlich zu mir und interessiert sich auch für mich und meine Familie; höchstens, dass sie in Gedanken und kontrollierenden Blicken, aber selten in Worten meine Haushaltsführung kritisiert. So kommt es mir vor, dass sie provokativ ihre kleine Wohnung peinlichst genau putzt – auch dann, wenn diese sauber ist! – immerzu sortiert und alles äußerst akkurat ordnet, als wäre es mit dem Millimetermaß gemessen. ›Ordnung und Disziplin‹ ist nach eigener Aussage ihr oberstes Gebot. Doch was für sie selbst Genugtuung oder Zwang ist, verursacht bei mir Unbehagen, löst sogar Ängste aus. Bevor ich sie zu mir einlade, muss ich einen nervenaufreibenden Hausputz durchführen, um bei der Haushaltsprüfung nicht durchzufallen. Als hätte ich sonst nichts zu tun! Wie kann ich mich dieser Kritik entziehen? Es wäre für mich leichter, gegenseitige Besuche auf ein Minimum zu beschränken. Das ist allerdings keine Lösung des Problems!

Ich schäme mich: Warum kann ich ihr gegensätzliches Anderssein nicht dankbar annehmen? Warum stehe ich nicht zu meinem großzügigen und schwungvollen Haushalt, wo meine Kinder, Enkel und Gäste ein- und ausgehen? Warum fühle ich mich ständig von ihr kritisiert, seit Jahren sogar als Hauptzielscheibe ihrer Kritik? Das ist mir sehr unangenehm!

Ich denke darüber nach: Jedenfalls ist es gut, dass nicht alle Menschen so sind wie ich! Da gibt es in dieser Welt glücklicherweise gesetzestreue Ordnungsmenschen, aber auch mehr Unkonventionelle wie mich. Ebenso Introvertierte, die ein reiches Innenleben führen, zumeist verschlossen sind und gerne für sich bleiben, aber zum Glück auch Kommunikative, die sich brennend für viele andere einsetzen und ihre Nähe suchen. Niemand kann zählen, wie viele Varianten es zwischen diesen vier Charakteren gibt.

Ich nehme mir vor, mich zu ändern. Ich will den anderen so annehmen, wie er ist – mit seiner Prägung, auch wenn sie völlig anders und für mich unverständlich ist; denn auch Gott nimmt mich so an, wie ich bin. In Zukunft will ich stets dankbar sein, dass er in schöpferischer Absicht seine Menschen so verschieden veranlagt hat, damit sie lernen, einander zu ergänzen statt zu kritisieren, sich gegenseitig zu schätzen, auch wenn sie grundverschieden sind.

Dem Andersgearteten einen angstfreien Lebensraum gewähren ist eine besondere Form der Liebe.

Kanon: Gott vergibt Text und Melodie: Johannes Risch

○ ✳ Oft ist es möglich, dass aus der Vergebung als wunderbare Krönung auch eine VERSÖHNUNG wird. Dies geschieht manchmal in einem Atemzug, ein anderes Mal braucht es viel Zeit. Gespannt halte ich Ausschau nach Gelegenheiten, die sich zum Versöhnen eignen: ein Telefonat, ein Besuch im Krankenhaus, eine Geburtstagsfeier, das Weihnachtsfest oder andere Möglichkeiten. Wo öffnet sich bei dem, dem ich im Stillen längst vergeben habe, ein wenig die Tür, so dass ich meinen Fuß dazwischen schieben kann? Oder soll ich besser einen Vermittler suchen?

Welch ein Glück! Die andere Person kommt mir entgegen, als hätte sie auf mich gewartet. Auch sie wünscht ein neues Miteinander. Es fallen drei entscheidende Sätze: »Vergibst du mir?« – »Ja, ich vergebe dir! Bitte, vergib du mir auch!«

So ist Versöhnung: um Vergebung bitten und die Vergebung des anderen annehmen.

Während beim Vergeben nur ein einziger Mensch agiert – und der bin ich! – reichen sich bei der Versöhnung zwei oder mehrere Menschen die Hand. Beide wollen jetzt wieder eine Beziehung miteinander. Beide möchten sich nun nichts mehr nachtragen. Beide sind dankbar für die erneuerte Gemeinschaft nach der schlimmen Erfahrung des Getrenntseins.

Vergebung kann ich dem anderen schenken – das ist meine Eigenverantwortung! Versöhnung geschieht dann, wenn der andere meine Vergebung annimmt – und das ist seine Verantwortung!

Falls er meine Hand ausschlägt, werde ich ihn in Gedanken dennoch segnen. Und ich warte darauf, dass der Segen sich auswirkt; denn Segnen ist niemals vergeblich!

Zum Nachdenken:
Was will ich unternehmen, damit aus Vergebung auch Versöhnung wird?

Können wir einander pauschal vergeben? Oder müssen leider noch die einzelnen Verfehlungen aufgezählt und Demütigungen verlangt werden? Es geht nicht darum, die Schuldfrage zu klären, sondern die Schuld zu erlassen.

Darum widerstehe ich dem Drang, dem anderen beweisen zu müssen, wie falsch er gehandelt hat. Ich will es ihm so leicht machen wie der Vater dem verlorenen Sohn im Lukasevangelium, Kapitel 15: Er ist ihm entgegengekommen, hat sich von Herzen über das Wiedersehen mit dem Sohn gefreut und hat ihm keinerlei Bedingungen gestellt. Kein peinliches Verhör, kein misstrauisches Hinterfragen, kein Abarbeiten der Schuld, sondern bedingungslose Annahme! Die beiden sind sich in die Arme gefallen und die zerbrochene Beziehung wurde wieder erneuert, sogar durch die bittere Erfahrung der Entfremdung vertieft.

Immer, wenn Versöhnung erlebt wird, gewinnt die Verbindung an Tiefe und Reife hinzu. Welch ein beglückendes Erlebnis!

* Ich denke an das Versöhnungsfest, bei dem Zeichen der Versöhnung eine Rolle spielten: ein kostbares Festkleid, neue Schuhe, ein wertvoller Siegelring, festliche Musik und viele Gäste. Sogar ein gemästetes Kalb wurde geschlachtet und eine Festtafel aufgebaut. Ein warmes Bad war für den früheren Schweinehirten sicher angebracht. Doch seine größte Freude war, in der Liebe des Vaters zu baden!

Darum will auch ich Zeichen der Versöhnung setzen: kleine Geschenke, falls nötig einen Schadenersatz, eine herzliche Einladung, eine Hilfeleistung, humorvolle Überraschungen, Liebesdienste, vielleicht eine gemeinsame Fahrt. Die Phantasie ist die Tochter der Liebe und hat viele Ideen. Sie wirken als Widerstand gegen Misstrauen und gegen die Zurücknahme unserer Versöhnung. Vor allem will ich die Freude aufblühen lassen – Freude über unsere erneuerte Beziehung, Freude über dieses wunderbare Geschenk. Die Blumen, die Vögel, die ganze Umgebung, ja der Himmel freuen sich mit, wenn wir uns versöhnen.

Eine solche frisch versöhnte Gemeinschaft ist unendlich kostbar – aber auch anfällig für Störungen. Sie ist ein bevorzugtes Angriffsziel für Gottes Gegenspieler, der jede Versöhnung hasst. Darum muss die Beziehung jetzt gestärkt und geschützt werden. Manche Erfahrungen der Vergangenheit können für die Zukunft hilfreich sein. Aus Fehlern will ich lernen: Missverständnisse will ich von nun an rechtzeitig und liebevoll klären; Gefühle und Empfindungen aussprechen, ohne verletzen zu wollen. Meinen Standpunkt will ich ohne Spitzen und hässlichen Tonfall klarstellen, meine Handlungen sachlich begründen. Ob ich es je lernen werde, ›positiv zu streiten‹?

Ich nehme mir vor: Meine Selbstsucht soll abnehmen und mein Einfühlungsvermögen zunehmen. Ja, ich möchte innerlich so flexibel sein, dass ich mich in andere hineinversetzen kann. Dabei merke ich: Meine Mitmenschen schätzen nicht meine Kritik, sondern viel mehr meine Ermutigung, die ich anerkennend ausspreche.

Immer öfter sage ich: »Entschuldige bitte! Es tut mir Leid! Lass uns wieder miteinander gut sein!« und reiche die Hand. Ich will die Erste sein, die das Gespräch wieder beginnt – die Erste, die das Telefon bedient und anruft – die Erste, die einen Gruß schickt – die Erste, die eine Einladung ausspricht!

Manchmal hilft es, über den Vorfall offen miteinander zu reden. Doch es gibt auch Situationen, wo es weise ist, den Missklang zu überhören und ihn nicht zu erwähnen, um keimendes Vertrauen nicht zu zerstören.

Erstaunlich: Seelische Ausgeglichenheit und innere Stärke machen mich weniger verletzlich und erleichtern das Versöhnen. In Zukunft will ich mein Verhalten besser steuern und meine negativen Gedankengänge kontrollieren. Darum werde ich an meinem Umgangsstil arbeiten und ihn verbessern müssen. Dazu benötige ich Hilfe von oben: »Heiliger Geist, gib mir Weisheit im Umgang mit anderen!«

Mit den anderen so umzugehen, wie ich es selbst erwarten würde, das ist höchste Lebenskunst!

Zum Nachdenken:
Wie will ich in Zukunft die versöhnte Beziehung mit der anderen Person gestalten? Wie kann ich es vermeiden, die alten Fehler zu wiederholen?

✳ Die Versöhnung zwischen Gott und mir hat ein weitreichendes Kraftfeld. Nicht nur mit anderen Menschen, sondern auch mit meiner eigenen Lebensgeschichte kann ich mich jetzt aussöhnen: Dass meine Kindheit nicht eitel Sonnenschein und Freude war, das kann ich jetzt akzeptieren. Ich brauche nicht mehr gegen leiderfüllte Lebensabschnitte zu rebellieren. Auch muss ich nicht mehr voller Trauer in ihnen hängen bleiben. Gott hat sie mir zugemutet, damit ich gewisse Erfahrungen mache und dadurch reif werde. In den Räumen der Vergangenheit, wo ich mich verlassen fühlte und weinte, war er damals auch dabei und hat mit mir gelitten. Darum sage ich ja zu den Schattenseiten meines Lebens.

Ich schließe Frieden mit meiner Vergangenheit. Alte Wunden beginnen zu heilen. Mein angeschlagenes Selbstwertgefühl kann gesunden.

Ich vergebe meiner Mutter, meinem Vater, meinen Geschwistern, den Lehrern, Klassenkameraden, Verwandten und Bekannten – jedem, der mich in der Kindheit und Jugendzeit begleitet hat. Jetzt kann ich an ihnen auch positive Seiten erkennen. Sie haben mich nicht absichtlich aus purer Bosheit verletzt. Ich denke nicht mehr verurteilend, sondern wertschätzend über sie. Welche Veränderung!

Dankbar stelle ich fest: Ich bin noch flexibel genug, um nicht in alten Ansichten zu erstarren, sondern neue zu erkennen und einzuüben. Meine überhöhten Erwartungen an meine Nächsten will ich herunterschrauben: Sie brauchen nicht mehr vollkommen zu sein – wer ist schon fehlerfrei? – es dürfen ihnen auch Fehler unterlaufen. Sie müssen nicht perfekt sein – auch ich bin es nicht – denn irren ist menschlich!

Wie gut: In mir hat ein Umdenkensprozess begonnen!

Gebet um innere Heilung

Lieber himmlischer Vater,
ich danke dir für deine Vergebung,
die du mir immer gegeben hast,
wenn ich dich darum gebeten habe.
Von ganzem Herzen danke ich dir,
dass du um Jesu willen gern verzeihst.
Aus deiner Fülle nehme ich Gnade um Gnade.
Davon gebe ich jetzt weiter
an alle, die mich verletzt haben.

Ich möchte in der Kraft deines Heiligen Geistes
jedem vergeben, der mich angegriffen,
enttäuscht oder gekränkt hat.
Ich will jetzt nicht nach Gründen suchen,
ihnen nicht zu verzeihen.

In deiner Kraft vergebe ich meiner Mutter
jede einzelne Verletzung, die sie mir zugefügt hat:
ihre Empfindlichkeit, ihren Ärger über mich,
dass sie mich innerlich abgelehnt
und meinen Bruder/meine Schwester mir vorgezogen hat.
Ich vergebe ihr, dass sie versucht hat,
mich noch an sich zu binden, als ich erwachsen wurde.
Ich vergebe ihr, dass sie zeitweise
zu meinem Vater kein gutes Verhältnis hatte ...

Ich vergebe meinem Vater,
dass er so wenig Zeit für mich hatte,
kaum zärtlich zu mir war, mich dauernd kritisierte
und nur Leistungen von mir erwartete ...
Ich vergebe ihm die Streitereien mit meiner Mutter,
dass er sie demütigte und sie oft im Stich ließ ...
Ich vergebe ihm, dass ich zu dir, mein Gott,
lange Zeit nicht Vater sagen konnte.

Ich vergebe meinen Geschwistern und anderen Kindern,
mit denen ich aufgewachsen bin,
dass sie mich gehänselt und verspottet,
verprügelt und misshandelt haben,
dass sie mich verachtet und ausgestoßen haben ...

*Ich vergebe den Lehrern und Vorgesetzten,
wo sie mich ungerecht behandelt oder gar
gedemütigt haben.*

Ich vergebe meinem Mann/meiner Frau ...

Ich bitte dich um ein erneuertes Miteinander!

*Ich vergebe meinen erwachsenen Kindern,
dass sie mich in der Ablösungsphase so verletzt haben ...
Schenke mir ein partnerschaftliches Verhältnis zu ihnen.*

*Ich vergebe meiner Schwiegermutter/
meinem Schwiegervater ...
Ich vergebe meiner Schwiegertochter/
meinem Schwiegersohn ...
Ich vergebe meiner Schwägerin/
meinem Schwager, meinen Verwandten ...
Ich vergebe denen, die mich ausgenutzt haben,
und denen, die mich hinter meinem Rücken
schlecht gemacht haben.*

Ich vergebe so, wie du mir vergeben hast!

*Wenn irgend möglich, schenke mir mit diesen Menschen
eine Versöhnung, dass wir uns die Hand reichen
und eine erneuerte, gute Beziehung entstehen kann.*

*Ich möchte gern auch mir selber vergeben,
wo ich leider falsch gehandelt
oder das Gute unterlassen habe.*

Vor deinen Augen, Vater im Himmel,

(und im Beisein eines Zeugen, der mein Gebet gehört hat)
habe ich heute diesen Personen vergeben.

Mein Heiland, du siehst meine Verletzungen:
Heile mich! Bitte, heile mich!

Wenn Groll oder schmerzliche Erinnerungen
wieder in mir hochsteigen sollten, dann will ich
dagegen angehen und dir erneut bestätigen:
»Es bleibt dabei! Ja, es bleibt dabei:
Ich habe alles vergeben!«

Und nun, mein Gott und Vater, bitte ich um deine Hilfe,
jener Person zu vergeben, die mich am tiefsten verletzt hat,
von der ich meinte, ihr nicht vergeben zu können!

AMEN.

Da ist noch eine Person, die mich als Kind zutiefst enttäuscht hat. Mit ihr muss ich mich besonders beschäftigen. Sie hat mich zwar nicht misshandelt, auch nicht missbraucht. Doch ich fühlte mich von ihr vernachlässigt und alleingelassen. Meine ganze Sehnsucht damals war, von ihr besonders anerkannt und geliebt zu werden. Wenn sie mich doch nur einmal vor anderen gelobt hätte! Wenn sie nur einmal gesagt hätte: »Was bin ich so froh, dass wir dich haben!« Oft hatte ich den Eindruck, ich könne ihre Forderungen nicht erfüllen. Zu gerne wäre ich ihr umsorgter Liebling gewesen, aber ich fühlte mich in ihren Augen als das ›schwarze Schaf‹. Darum habe ich mich auch wie ein kleines Biest benommen, um wenigstens auf diese Weise ihre Aufmerksamkeit auf mich zu lenken. Oft überlegte ich mir, womit ich sie kränken und aus ihrer Reserve herauslocken könne. Darum habe ich auf den Gebieten, die ihr wichtig waren, genau das Gegenteil gemacht. So gab es in meiner Teenagerzeit viele verletzende Auseinandersetzungen mit ihr. Ich hätte sie fast umbringen können, so erbost war ich oft. Einmal wünschte ich ihr sogar den Tod.

Jetzt schäme ich mich für meinen Hass. Leider sorgte meine Verbitterung dafür, dass diese Wunde viele Jahre lang entzündet war und eiterte. Angestaute Enttäuschung und Bitterkeit haben mich in depressive Phasen gebracht und beinahe meine Persönlichkeit zerstört. Sollten sie auch mein Reifwerden verlangsamt haben? Bin ich vielleicht deshalb bis heute bindungsunfähig? Der Schmerz dieser alten Verletzung treibt mir auch jetzt noch Tränen des Selbstmitleids in die Augen. Ich benötige Heilung.

»Vergebung ist das entzündungshemmende Heilmittel für emotionale Wunden«, sagt Floyd Mc Clung. *

Darum möchte ich dieser Person vergeben und ihr nichts mehr anrechnen, um den Heilungsprozess in Gang zu bringen.

Werde ich dazu fähig sein?

In meiner Vorstellung sehe ich, wie Jesus Christus liebevoll auf sie zugeht, sie umarmt und ihr vergibt. An seinen Händen und Füßen und an seiner Brust ist auch er verwundet. Ich weiß, dass er innerlich viel tiefer verletzt

* Floyd Mc Clung: Das Vaterherz Gottes, Verlag Jugend mit einer Mission

wurde als ich. Nun wendet er sich um. Voller Liebe schaut er mich an. Er bittet mich: »Tu das Gleiche wie ich und vergib ihr! Ich helfe dir dabei!« Ich antworte: »Ja, Jesus! Dir zuliebe will ich es tun, weil du so viel für mich getan hast! Ich will diesem Menschen nichts mehr nachtragen, denn auch für ihn hast du geblutet!«

○ ✳ Es erstaunt mich, dass nun die vergangenen Enttäuschungen von meiner neugewonnenen Warte aus gar nicht mehr so wesentlich sind.

Ich habe einen räumlichen und einen gefühlsmäßigen Abstand zu ihnen gewonnen. sie liegen jetzt in der Ferne und werden immer kleiner. Wie gut: sie haben ihre negative Macht über mich verloren und können meine Gedanken nicht mehr beherrschen. Es sind nicht mehr die alten Wunden, die noch schmerzen, sondern nur manchmal noch die Narben.

Ich fühle mich wie neugeboren!

Dadurch wächst mir Kraft zu, Gegenwart und Zukunft zu gestalten: Was will ich anpacken, wo etwas verbessern, was möchte ich erreichen? Mutig fasse ich meine Nah- und Fernziele ins Auge und gehe Schritt für Schritt vorwärts. Nur nicht stehen bleiben und ständig zurückschauen! Ich will mir nicht mehr von kummervollen Ereignissen der Vergangenheit den einmaligen heutigen Tag ruinieren lassen! Ich verbiete es ihnen mit einem energischen »Stopp!«

So hebe ich meine Arme hoch, weite meine Brust und sage laut: »Ich habe einen neuen Lebensabschnitt begonnen! Jesus, ich danke dir dafür! Mit dir will ich ihn jetzt gehen!«

Zum Nachdenken:
Welche Nahziele will ich ansteuern?

* Auch mit mir selbst kann ich mich jetzt aussöhnen, denn ich habe festgestellt, dass ich zu viel an mir auszusetzen habe. Ich stehe vor dem Spiegel und sehe nur Mängel an mir. »Was bist du für ein mieser Typ!«, kritisiere ich mein Spiegelbild. »Mit anderen verglichen, nur eine Niete! Alles läuft bei dir heute schief! Du wirst alt und vergesslich und taugst zu gar nichts mehr! Schau dich nur an: Pickel und Falten im Gesicht und viel zu dick!« Ich ziehe meine Mundwinkel herunter und blicke mir verächtlich in die Augen.

Da ist mir, als stünde Jesus hinter mir und spräche ein bisschen humorvoll und doch ernst zu meinem Spiegelbild: »Ich erlaube dir nicht, über diese Person hier, die ich so sehr liebe, abwertend zu denken!«

Endlich weiß ich es: Gott schätzt mich! Ich bin ihm wertvoll! Er nimmt mich an, so wie ich bin. Ich muss nicht perfekt sein. Ich darf sogar Fehler machen! Er liebt mich, auch wenn ich ihm Kummer gemacht habe. Also will auch ich mich annehmen, wie ich bin. So lächle ich mir manchmal selbst im Spiegel zu: »Du bist ein Original Gottes, einmalig und von ihm geliebt! Auf der ganzen Erde ist niemand so wie du! Niemand hat deine Fingerabdrücke. Keiner denkt und fühlt und handelt so wie du! Keiner hat deine Geschichte. Keiner glaubt wie du. Du bist für Gott unendlich viel wert!« Und schmunzelnd füge ich hinzu: »Das ist der Clou: Keiner ist wie du!«

Wie konnte ich mich bisher nur in so negative Gedankenmuster verirren? Ich entschließe mich, mit einer Umschulung meiner Gedanken über mich zu beginnen: Immer, wenn mir Abwertendes über mich einfällt, denke ich sofort daran, wie wertvoll ich in Gottes Augen bin, so dass er alles für mich getan hat und tun wird.

Das stärkt meine von Gott gewollte Selbstliebe. Ein gesundes Selbstvertrauen kann wachsen. Und ich bin wieder im seelischen Gleichgewicht und habe Frieden mit mir selbst.

Was braucht es mich noch zu kränken, wenn andere hinter meinem Rücken schlecht über mich reden? Ich weiß, wer ich bin und dass ich versuche, mein Bestes zu geben!

Zum Nachdenken:
Wo will ich noch an meinem Selbstbewußtsein arbeiten?

* Viele Menschen martern sich mit Selbstbeschuldigungen. Ich denke darüber nach:

Getrenntlebende und Geschiedene quälen sich mit Selbstvorwürfen. Sie verbringen viele kostbare Jahre auf der ›Hätt-ich-doch-Station‹. Was hilft's?

Ich kenne Eltern, die sich beide vorwerfen, ihre Kinder falsch erzogen zu haben. Sie geben zu: »Wir wollten unseren Kindern von Herzen das Beste geben; aber leider konnten wir nur das weiterreichen, was wir selbst empfangen haben und was in unseren Möglichkeiten lag. Doch auch für unsere Erziehungsfehler und unsere Versäumnisse ist Christus gestorben. So bitten wir ihn und unsere Kinder um Vergebung. Wir vertrauen darauf, dass er die Mängel in ihrer Kindheit auffüllt ›mit dem, was ewig gilt‹.«

Ich beobachte: Viele erwachsene Kinder fühlen sich heutzutage schuldig, weil sie sich ihren Eltern gegenüber ablehnend verhalten haben und kritisch über sie denken. Sie meinen vielleicht: »Weil Mutter und Vater so inkonsequent und widersprüchlich leben, brauchen wir sie nicht zu respektieren!« Es kann ja sein, dass das elterliche Verhalten sehr zu tadeln ist; jedoch als Mensch und Elternteil sollen Vater und Mutter geachtet werden. Von allen Menschen auf der Erde nehmen sie eine einzigartige Stellung ein, die unwandelbar ist. Von allen Männern, die es gibt, hat mich dieser eine gezeugt: mein Vater. Von allen Frauen hat mich diese einzige geboren: meine Mutter.

Wer seinen Eltern Wertschätzung und Ehrerbietung entgegenbringt, gehorcht Gott und erfreut ihn. Überall beobachte ich, wie handgreiflich er Familien segnet, die ihre Eltern und Großeltern gern haben.

Eine gesunde Haltung zueinander führt mit der Zeit auch zu guten Gefühlen: Aus Kritik und Ablehnung wird bald Verständnis und Liebe, sogar warmherzige Fürsorge für die alten Eltern.

Es ist ein Zeichen von Reife und Güte, wenn erwachsene Kinder ihre Eltern wieder wertschätzen und ehren.

Wie freue ich mich, wenn meine großen Kinder mir partnerschaftlich begegnen und meine Erziehungsfehler vergeben haben! Welche Bereicherung ist das für beide Seiten! Zwischen uns herrscht ein Klima der Versöhnung, sogar auch dann, wenn wir verschiedener Meinung sind.

Die Zeit der schmerzenden Auseinandersetzungen zwischen den Eltern und ihren Teenagern ist sicher ein notwendiges Durchgangsstadium. Doch danach darf sich die Beziehung auf eine neue Ebene stellen: Aus Abhängigkeit und Fürsorge werden Partnerschaft und Wertschätzung; dafür müssen neue Regeln erarbeitet werden.

Zum Nachdenken:
Welche Selbstbeschuldigungen belasten mich noch?

* Manchmal sind die Menschen, die wir geliebt haben, gestorben. Es schmerzt uns, dass unsere Beziehung nicht erfreulicher war. Wir erinnern uns an Szenen, die wir gern rückgängig gemacht hätten. Zu spät!

Gibt es auch eine Versöhnung mit Verstorbenen?

Manche Trauernden weinen an den Gräbern und sagen: »Vergib mir! Es tut mir so Leid!« Doch die Verstorbenen können uns nicht direkt vergeben, nur über Gott: Von ihrer höheren Warte aus haben sie einen ganz anderen Durchblick. Sie erkennen jetzt manche Hintergründe, die ihnen hier verborgen waren. Sie verzeihen uns; und Gott übergibt in seiner Treue und Verlässlichkeit ihre Vergebung an die bekümmerten Hinterbliebenen.

Was aufrichtig vor Gott bereut wurde, das ist verziehen!

Es darf aber nicht unseren Ansporn mindern, uns bei Lebzeiten zu versöhnen!

Je älter ich werde und seit die berufliche Arbeit nicht mehr über meinem Kopf zusammenschlägt, desto mehr denke ich an meine verstorbenen Lieben, vor allem an meinen Mann. Ich hätte mehr Zeit und Kraft in die Gestaltung unserer viel zu kurzen Ehe investieren sollen! Heute weiß ich, wie ich es trotz der vielen Arbeit durch die sechs Kinder hätte anpacken müssen. Mir tut aufrichtig Leid, was ich versäumt habe!

Ich denke an meinen Vater – ich habe ihn nicht gelobt und bestätigt, sondern alles selbstverständlich genommen. Wie hätte er sich darüber gefreut!

Ich denke an meine Mutter – als sie um ihren Mann trauerte, nahm ich mich ihrer nicht genügend an. Ich sehe immer noch ihre traurigen Augen und ihren enttäuschten Blick.

Ich denke an meine Schwiegermutter, der ich ihren Lieblingssohn weggenommen habe. Jetzt, wo ich selbst erwachsene Kinder habe, weiß ich, wie schwer es fällt, sie loszulassen.

Ich denke an meine verstorbene Freundin Ria, die mir in großer Not, als ich Witwe wurde, so treu geholfen hat. Aber ich habe es vor lauter Arbeit nicht geschafft, weiterhin freundschaftlichen Kontakt mit ihr zu pflegen. Wie undankbar habe ich mich verhalten!

Ich bete: »Lieber Vater im Himmel, du weißt es, ich habe es dir schon oft gesagt: Es tut mir alles so Leid! Ich danke dir, mein Gott, dass du mir, der Überlebenden, Zeit für Reue gegeben hast!«

Mir ist, als erhielte ich die Antwort: »Es ist längst vergeben! Nimm nun meine Vergebung endlich ernst! Sie hat meinem Sohn das Leben gekostet und ist deshalb dein kostbarster Schatz. Freue dich darüber! Halte fest, was du hast, und lass ihn dir nicht von deinen traurigen Erinnerungen rauben!«

Ich lerne: Was verziehen ist, das brauche ich nicht mehr zu betrauern! Vielmehr soll ich jetzt in der Kraft der Vergebung vorwärts gehen und meine Aufgaben anpacken. Und gleichzeitig klingt es in mir: »Näher, mein Gott, zu dir!«

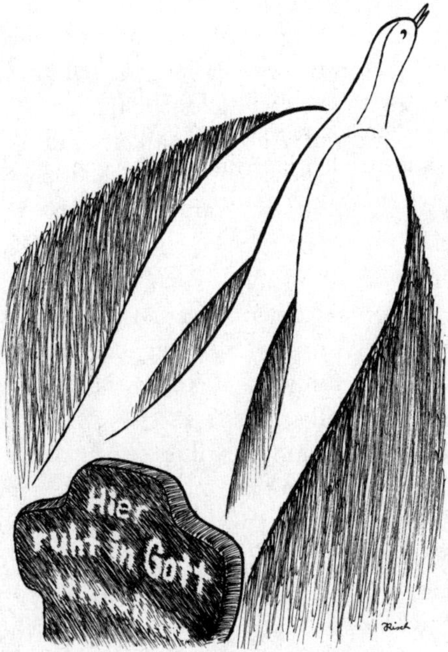

Manchmal gelingt es mir nicht, Gottes überreiche Vergebung für mich auch in mein Herz fallen zu lassen. Zwar steht sie als kostbarer Reichtum auf meinem Konto. Aber ich hebe ihn nicht ab! Vielmehr lebe ich in innerer Armut und hungere mich durch. Meine Gefühle verurteilen mich, während Gott mich längst freigesprochen hat. Ich treibe in einem Strudel von Selbstanklagen, der mich nach unten zieht.

Dabei bin ich eine reiche Kontoinhaberin, doch ich benehme mich wie ein armer, unglücklicher Mensch. Ich bedauere mich, wenn Unwiderrufliches geschehen ist, und sage: »Wie konnte ich nur so handeln? Ich war undiszipliniert und habe meine Triebe nicht beherrscht! Ich habe kostbare Zeit vergeudet! Ich bin unverantwortlich mit meiner Gesundheit umgegangen! Ich habe meine Versprechen nicht gehalten! Ich habe meinen Allernächsten nicht genügend Aufmerksamkeit und Liebe geschenkt! O Gott, gegen dein treues Mahnen habe ich mich taub gestellt! Es tut mir Leid! Muss ich dafür büßen? Es soll jetzt anders werden!«

Mit Selbstvorwürfen und neuen Vorsätzen quäle ich mich ab. Ich denke immer wieder an meine Schuld und nicht an Gottes kostbare Vergebung, die er schon längst auf mein Konto gezahlt hat. Warum hebe ich sie nicht ab und freue mich darüber?

Vielleicht denke ich: »Ich will es selbst wieder gutmachen! Ich will mich anstrengen und allein damit klarkommen!« Immer wieder wärme ich die Erinnerungen an mein Versagen auf, nehme die früher abgelegte Schuldenlast wieder auf meinen Rücken und schleppe mich damit ab. Wenn sie mir zu schwer wird, schiebe ich sie auf andere, oder ich darbe im Schatten dauernder Scham. Dabei ist der Weg so kurz zu meinem reichen Konto, wo Gottes Vergebung auf mich wartet! Mit einem einzigen Satz kann ich sie abheben: »Danke, liebender Vater, dass du mir wirklich alles vergeben hast; und deshalb gebe ich jetzt deine Vergebung bewusst an mein armes Herz weiter und freue mich über dich!«

Erstaunlich: mehr und mehr fühle ich mich von Selbstvorwürfen und nagenden Gedanken befreit. Ich muss nicht mehr so häufig über mich grübeln und negative Selbstgespräche führen. Auch brauche ich mich nicht mehr wegen meiner Schwächen zu verdammen. Meine Fehlerhaftigkeit und mein Versagen drücken mich nicht mehr ständig zu Boden, so dass ich Angst vor Gott haben muss. Weil ich nun nicht mehr in mich verkrümmt bin, kann ich mich öffnen für seine Liebe.

Mein Herz, werde weit und empfange!

Ja, Gott ist ein liebender Vater. Er sehnt sich danach, durch die heilende Kraft seiner Liebe und Vergebung jeden von uns wiederherzustellen.

Wenn ich in Zukunft auch wieder schuldig werde, so weiß ich doch: Gottes Vergebung ist unerschöpflich – doch mein Gefäß ist viel zu klein. Gottes Vergebung ist überfließend – aber mein Herz ist zu eng. Ich brauche eine Herzerweiterung!

Rechte: Verlag Singende Gemeinde, Wuppertal Kanon: Johannes Petzold 1946

Doch da gibt es noch ein Problem in meinem Leben: Ich kann eine ganz bestimmte, schwerwiegende Tat, die ich leider getan habe, mir selbst nicht verzeihen. Seit Jahren verfolgt sie mich. Wie eine dunkle Wolke überschattet sie mein Leben und raubt mir zeitweise alle Freude. Ach, wenn ich sie nur ungeschehen machen könnte – was gäbe ich darum! Ich bedaure sie unendlich und denke, dass Gott sie mir vergeben hat; denn er ist ein vergebender Vater. Trotzdem verurteile ich mich zu lebenslanger Strafe. Ich bin mein eigener Feind – und Gott ist mein liebender Freund!

Warum ist es so schwer, sich selbst zu vergeben? Bin ich zu stolz, um diese schwere Gesetzesübertretung aufrichtig zuzugeben und unbeschönigt beim Namen zu nennen? Soll ich endlich die Ausrede aufgeben: ›Was fast alle anderen tun, das steht natürlich auch mir zu!‹?

In mir ist eine leise Stimme, die mich immer wieder verklagt. Wie kann ich nur diesen erbarmungslosen Ankläger zum Schweigen bringen? Wie kann ich den Film, den er mir vorführt, endlich abschalten?

Zuerst mache ich mir klar, dass ich unbedingt mir selbst vergeben muss, weil Gott mir längst vergeben hat. Ich will mich nicht mehr über ihn stellen und ihm entgegen handeln. Das ist undankbar und respektlos, denn seine Vergebung hat ihn sein Bestes gekostet. Er hat sich entschlossen, nie mehr an meine Sünde zu denken. Für ihn ist sie gar nicht mehr vorhanden – so, als hätte ich sie überhaupt nicht begangen! Ich staune.

Darum will ich mich selbst jetzt mit den barmherzigen Augen meines himmlischen Vaters betrachten: »Schau, da steht sie ja, die Gesetzesübertreterin, mitten in ihrem Dilemma!« Ich gehe auf sie zu, umarme sie und spreche: »Ich vergebe dir, meine Liebe! Bitte, tue es nicht wieder!«

So schließe ich Frieden mit mir selbst.

Zwar weiß ich immer noch, was ich getan habe; aber ich erinnere mich jetzt in einer erlösten Art daran. Und wenn der Verkläger wieder kommt, werfe ich ihn hinaus.

Ich kann nun sagen: »Ja, das habe ich leider getan! Es war sehr schlimm! Aber Gott hat es mir verziehen; und jetzt ist die Erinnerung daran ein Beweis seiner Liebe und Vergebung.«

»Wenn wir lernen, uns selbst zu vergeben, dann beginnt dieser Prozess zuerst in unserem Kopf und sucht sich nach und nach seinen Weg in unser Herz. Vielleicht haben wir verstandesmäßig schon begriffen, dass Gott uns vergeben hat, und glauben es auch. Doch diese Wahrheit ist noch nicht bis in die tiefsten Tiefen unserer Seele gedrungen. Trotzdem ist Gott uns gnädig.«*

Es gibt ein untrügliches Zeichen dafür, ob wir uns auch selbst im tiefsten Innern vergeben haben: Wir verurteilen andere nicht mehr und rechnen ihnen das Unrecht nicht mehr an, das sie uns zugefügt haben! Darum machen zum Beispiel der erwachsene Sohn und die reife Tochter ihren Eltern keine Vorwürfe mehr, weil sie nun mit Gott und mit sich selber im Reinen sind.

Zum Nachdenken:
Verurteile ich jemanden, weil ich mir etwas Schwerwiegendes nicht vergeben habe? Was muss ich mir selbst vergeben?

---

* James Smith, Dass Gott mich wirklich liebt! Brockhaus Verlag

○ ✳ Es geht mir jetzt seelisch und auch körperlich viel besser. Beim Abendgebet überdenke ich kurz noch einmal den Tag und lege alle Sorgen und Belastungen in Gottes Hand:

Lieber Vater, ich habe mich heute geärgert –
ich will es loslassen.
Mir ist Unrecht geschehen – ich übergebe es dir.
Es ist Groll und Bitterkeit in mir – hilf mir, sie abzulegen.
Neid nagt in mir – vergib mir!
Ich packe das alles jetzt in einen Sack und stelle ihn neben das Bett. Nimm ihn und sortiere es!
Wenn morgen etwas davon noch wichtig ist,
will ich es mit deiner Hilfe ordnen und bearbeiten.
Aber für heute lege ich es ab, so, wie ich meine Kleider ablege.
Ich gehe ja auch nicht mit den Schuhen ins Bett –
so gehe ich auch nicht mit meinem Groll zu Bett.
Du hilfst mir loszulassen, Herr, mein treuer Gott!

AMEN.

Welche Entlastung! Wenn es sie nicht gäbe, müsste ich mich grämen bis ins Grab. So kann ich sofort einschlafen. Erfrischt und ausgeruht wache ich am Morgen auf. Ich brauche nicht mehr vor Kopfweh stöhnend an die Kaffeemaschine zu wanken. Vielmehr öffne ich das Fenster, atme tief ein und mache einige Minuten Frühgymnastik. Froh stelle ich fest: Meine Knochenschmerzen haben nachgelassen, und mein Herz schlägt wieder kräftig und gesund. Dann ein Glas Vitaminsaft oder eine Tasse Tee und singend unter die Dusche! Mein Duschlied: »Ein neuer Tag beginnt, und ich freu' mich, ja ich freue mich; ein neuer Tag beginnt, und ich freu' mich, Herr, auf dich!«

Vor oder nach dem Frühstück habe ich einen Termin bei Gott – Audienz beim höchsten König. Diesen Vorzug will ich mir nicht entgehen lassen. Danach habe ich Mut für heute – sogar Mut für morgen. Den ganzen Tag über kann ich, wenn nötig, den ›heißen Draht‹ direkt zum Allerhöchsten benutzen. Die Verbindung ist sofort hergestellt.

Zum Nachdenken:
Wie beginne ich meinen Tag?

Ein letztes Mal schaue ich kurz in meine Vergangenheit zurück.

Dabei geht mir ein Licht auf:

Meine Unversöhnlichkeit war mir in die Knochen gefahren, hat innere Organe krank gemacht, sich mir auf Herz und Gemüt gelegt. Sie vergiftete auch meine Beziehungen. Ablehnendes, verächtliches Denken gegen andere und sogar gegen mich wirkte in mir wie eine ätzende Säure. Manche guten Gefühle hat sie zerstört. Aber ich Feigling wollte mich nicht der Realität stellen. Darum hatte ich mich teils in Geschäftigkeit, teils in ein

Fernsehfilm- und Traumleben geflüchtet und bin nicht reifer geworden. Ach, so viel selbstverschuldetes Leid hatte ich mir durch meinen Ungehorsam gegen Gott zugezogen! Wie anders wäre mein Leben verlaufen, wenn ich gehorsamer gewesen wäre! Ich hätte folgenschwere Irrwege vermeiden können. Mein himmlischer Vater musste mit Schmerzen zusehen, wie ich Dickkopf falsche Wege eingeschlagen habe.

Aber es war noch nicht zu spät. Ein Glück! Ich bin umgekehrt. Die Vaterarme waren zu mir ausgestreckt – die Arme Jesu am Kreuz weit offen. In sie habe ich mich

hineingeworfen. Endlich war ich zu Hause angekommen! Hier ist die Heimat meiner Seele, nach der ich mich bewusst und unbewusst jahrelang gesehnt habe.

Ich bin geliebt – geliebt von Gott! Er hat mir alles vergeben – restlos vergeben! Das erfüllt mich mit tiefer Dankbarkeit. Ein größeres Glück gibt es nur noch im Himmel!

Die Strafe ist erlassen. Jesus hat sie auf sich genommen. Ich brauche für meinen Ungehorsam nicht zu büßen. Aber was ist mit den Folgen? Muss ich sie nun auf mich nehmen oder hat Jesus sie auch übernommen?

Da meldet sich in mir eine leise Stimme: »Bei deiner letzten Einkommensteuererklärung hast du einen Posten verschwiegen!« – »Ja«, antworte ich, »ich habe es eingesehen, bereut und Gott um Vergebung gebeten!« – »Diese bleibt bestehen! Freue dich darüber! Sie ist dein kostbarer Schatz!«, spricht mein Gewissen weiter, »aber nun bittet Jesus dich, diese Angelegenheit in Ordnung zu bringen!« – »Wie soll ich das machen?«, rufe ich entsetzt, »ich kann mich doch beim Finanzamt nicht selbst anzeigen! Das tut niemand!« – »Fast niemand!«, verbessert mich die innere Stimme, »aber du, du nimmst die Folgen deiner Unehrlichkeit aus Liebe zur Wahrheit auf dich!« – »Wie demütigend!«, sage ich geknickt. »Wenn du dich demütigst, macht Gott dich groß!«, werde ich getröstet.

Ich schaue mich um. Müssen andere auch die Folgen ihrer Sünden auf sich nehmen? Suchtgebundene schädigen bekanntlich ihre körperliche und seelische Gesundheit und zerstören die Beziehungen zu ihren Mitmenschen. Wenn sie dann ihr Leben bereinigt haben, müssen sie zwar psychisch oft jahrelang an den Folgen ihrer früheren Sucht leiden. Aber Gott hat inzwischen ihre innere Persönlichkeit wieder hergestellt. Einsicht, Reife und Erfahrung zeichnen sie nun aus. Jetzt können sie Helfer für andere Gebundene werden.

Ebenso offensichtlich hat der Ungehorsam auf dem sexuellen Gebiet schlimme Folgen. Aber wenn er bereut und vergeben wurde, kann Gott einen neuen Lebensabschnitt schenken, der voller Erfüllung und Glück ist. Und von den traurigen Folgen ist nach einiger Zeit nichts mehr zu sehen. Ein erneuerter Mensch ist erstanden und geht nun an Gottes Hand einen guten Weg.

Ich denke an eine Prostituierte, deren Persönlichkeit durch Sünde zerstört war. Mit vielen Reuetränen hat sie im Beisein eines Seelsorgers Buße getan und ihr kaputtes Leben Jesus Christus übergeben. Zu ihr sagte der alte Seelsorger Hans Bruns beim Abschied: »Zwei Dinge dürfen Sie nicht vergessen: Sie verlassen jetzt mein Haus als unberührte Jungfrau! So total ist Jesu Vergebung! Er hat Ihre Persönlichkeit völlig wieder hergestellt.

Und das andere: Schließen Sie sich jetzt einer Gemeinschaft von lebendigen Christen an. Dann werden Sie geistlich wachsen, reifen und Frucht bringen – zur Freude Gottes und zur Freude Ihrer Mitmenschen!«

* Ich brauche Kontakte zu anderen Christen. Sicher kann ich von ihnen lernen, mich mit ihnen austauschen und vielleicht irgendwie behilflich sein. Deshalb besuche ich einen Gottesdienst. Die Atmosphäre empfinde ich als kühl bis frostig, die Predigt ernst und freudlos. Die Kirchgänger sitzen ziemlich vereinzelt hinten

auf fast leeren Bänken. Sie wirken auf mich abweisend. Begegnungen und Verabschiedung am Schluss des Gottesdienstes sind sehr distanziert. Offensichtlich gehen sich manche aus dem Weg. Sensibel geworden für Geistliches, frage ich meine Freundin, die zu dieser Gemeinde gehört: »Was ist hier los?« – »Vielleicht fehlt uns das, was dir jetzt aufgegangen ist: Du hast deine Schuld bereut; deshalb hat Gott dir seine Vergebung geschenkt. Und das erfüllt dich mit warmer Freude«, meint sie. »Ja«, stimme ich ihr zu, »wenn man nicht selbst Vergebung erfahren hat, ist es sehr schwer, anderen zu vergeben und sich miteinander zu versöhnen. Für viele ist es eine Überforderung. Doch aus der Fülle etwas abzugeben, das ist bedeutend leichter.«

Ob es unsere Aufgabe ist, den Geist der Versöhnung in diese Gemeinde hineinzutragen? Aber wie?

»Wir könnten einige dieser Gemeindeglieder in unseren kleinen Hauskreis einladen!«, schlage ich vor. Doch meine Freundin wendet ein: »Ich fürchte, sie sind für unser Anliegen verschlossen!« – »Dann nehmen wir den Schlüssel der Liebe und schließen mit zwei Umdrehungen auf!«, sage ich zuversichtlich. »Die erste Umdrehung heißt: andere annehmen, so wie sie sind! Die zweite: unsere vergebungsbereite Haltung ihnen vorleben; denn ich habe den Eindruck, es fehlte ihnen an Vorbildern.« – »Und wie wäre es, wenn wir eine Gesprächsgruppe speziell zum Thema ›Vergeben und Versöhnen‹ beginnen würden?«, überlegt meine Freundin, »das wirkt bestimmt ansteckend auf diese Kirchengemeinde. Jesus Christus hat uns eine besondere Vollmacht übertragen: Vergebung empfangen und weitergeben. In diesen Lebensstil der Versöhnung wollen wir ab sofort hineinwachsen. Da-

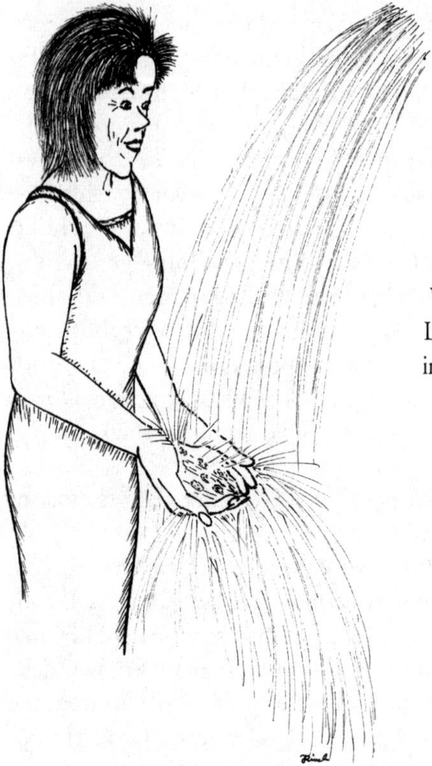

nach sehnen sich viele Menschen.« – »Das braucht die ganze Welt!«, füge ich hinzu.

Zum Nachdenken:
Wie kann ich Gottes Liebe und Vergebung in meiner Gemeinde weitergeben?

○ ✳ Meine Freundin, die eine erfahrene Christin ist, zitiert mir hie und da Sätze aus ihrem ›Stille-Zeit-Buch‹. Fast täglich nimmt sie sich Zeit, um einige Bibelverse zu lesen, zu beten und auf Gott zu hören. Meistens beginnt sie damit, den Vater, Sohn und Heiligen Geist in Liedern zu loben und anzubeten. Dadurch nimmt ihre Liebe zu ihm immer mehr zu. Sie ist dann gar nicht überrascht, wenn er auf ihren Lobpreis antwortet – nicht akustisch, sondern in Gedanken. Vieles schreibt sie in ihr ›Stille-Zeit-Buch‹ und vergleicht es mit den Aussagen der Bibel. Manchmal teilt sie es mir mit:

»Nie kannst du ermessen,
wie sehr ich, dein Gott, dich liebe
und ohne Ende lieben werde.

Nie kannst du begreifen,
mit welcher Geduld ich auf dich warte,
dass du zu mir kommst und mit mir redest.

Du ahnst nicht,
wie groß meine Sehnsucht ist,
die mich dir, meinem Kind, nahe bringt.
Du kannst dir nicht vorstellen,
wie es mich bewegt,
wenn du mir dein ganzes Vertrauen schenkst,
obwohl du mein Handeln nicht verstehst.
Du kannst noch nicht durchblicken,
dass auch die schweren Wege, die ich dich führe,
Wege meiner Liebe sind.
Nie kannst du ausschöpfen,
mit welch zärtlicher Fürsorge
ich, dein Vater, mich für dich interessiere.
Nie kannst du verstehen,
welches Entzücken dein Kleinsein mir bereitet.
Du ahnst nicht im Geringsten,
wie sehr mich deine kleinen Aufmerksamkeiten rühren.

Du kannst nicht begreifen,
wie tief deine Sünden mich treffen und verletzen.
Du kannst nicht sehen,
welch unendliche Verzeihung
deine Reue erlangt.

Weil du – mir gehorsam – allen vergibst,
strömt mein Herz über von Vergebung für dich.
Weil du aus Liebe zu mir dich versöhnst,
wirst du hier schon einen Vorgeschmack haben
von der glückseligen Versöhnung
in meiner himmlischen Herrlichkeit.

Eines Tages wirst du alles erkennen,
dann, wenn ich dich aufnehme in mein Himmelreich,
wo Jesusliebende und Versöhnte in ewiger Freude leben.«

Wer überwindet,
wird es alles erben.

(Offenbarung 21,7)

Anhang

Anregungen für Gruppengespräche

I. Bibelstellen zum Thema ›Vergeben und Versöhnen‹ auswählen, an die Gesprächsteilnehmer austeilen und vorlesen lassen, anschließend Aussprache

1. Vergebung von Gott:
   Ps 32,1-2; Jes 43,25; Joh 8,11; Röm 3,23+24; Röm 8,1; Eph 1,7; Hebr 10,17+18; 1. Joh 1,9

2. Anderen vergeben und sich versöhnen:
   Mt 5,23+24+44; Mt 6,12; Mt 6,14+15;
   Mk 11,25; Lk 7,47; Röm 12,14;
   Röm 12,17-19+21; Eph 4,31+32;
   Hebr 12,14+15; 1. Joh 3,15; 1. Kor 4,12;
   Beispiel: Stephanus (Apg Kap. 6 + 7)

II. Einige Leitgedanken für ein Gruppengespräch zum Thema Vergebung

a) Ich will aufrichtig sein und meine Sünden beim Namen nennen.
b) Ich bekenne sie Gott, eventuell im Beisein eines Seelsorgers.
c) Mit Dank nehme ich die Absolution an (Freisprechung von Schuld).

d) Ich präge sie mir ein.
e) Ich bitte Gott, auch meine schmerzlichen Erinnerungen zu heilen.
f) Ich bin bereit, andere um Vergebung zu bitten.
g) Wenn nötig, will ich den von mir verursachten Schaden wiedergutmachen.
h) Ich akzeptiere, dass ich eventuell die Folgen meiner Verfehlung tragen muss.

III. Einige Leitgedanken für ein Gruppengespräch zum Thema Versöhnung

a) Ich denke über Gottes Vergebung für mich nach und freue mich darüber.
b) Ich denke über seine überreiche Gnade nach, öffne mich innerlich für sie, nehme sie in mich auf und danke dafür.
c) Nun gebe ich davon weiter an die, die mich verletzt haben.
d) Wenn möglich, versuche ich, mich mit ihnen zu versöhnen.
e) Ich bitte sie um Vergebung und reiche ihnen die Hand.
f) Ich will die vergangene, böse Angelegenheit möglichst nicht mehr erwähnen. Wenn es aber zur Klärung notwendig sein sollte, bespreche ich sie ohne Vorwürfe mit meinem Gegenüber, eventuell unter Mithilfe einer dritten Person.
g) Ich setze Zeichen der Versöhnung und versuche, unsere Beziehung neu zu gestalten.
h) Ich möchte mir mehr und mehr einen Lebensstil der Versöhnung aneignen.

Gebetsvorschlag zur Vergebung

Lieber Heiland Jesus Christus,
am Kreuz hast du die Schuld aller Menschen bezahlt -
auch die meine.
So bitte ich dich um Vergebung ganz konkret
für/weil…

Danke, dass du mir vergeben hast!
Deine Vergebung ist so wunderbar und unendlich groß!

Von dieser Fülle will ich weitergeben.
an die, die mich verletzt haben.
Ich nenne dir (in der Stille) ihre Namen: . . . .

Ich vergebe jedem einzelnen,
so wie du mir vergeben hast.
Danke, dass du an meiner Seite bist
und mir dabei hilfst!

Amen.

Gottes Liebe anbeten

Gebet von Sören Kierkegaard:

Du, o Gott, du liebtest und liebst uns immer zuerst. Es ist nicht so, als hättest du uns früher nur ein einziges Mal zuerst geliebt. Nein, du liebst uns immer wieder zuerst – jeden Tag aufs Neue, unser ganzes Leben lang.

Wenn ich morgens aufwache und meine Seele zu dir erhebe, bist du schon nahe und wartest auf mich mit deiner Liebe.

Wenn ich dann im Morgengrauen aufstehe, bist du längst schon da und hast mich zuerst geliebt.

Wenn ich den Tag über an dich denke, dann hast du mich ständig schon mit deiner Liebe umfangen.

Und wenn ich mich nach dem geschäftigen Treiben des Tages in die Stille zurückziehe, um dir zu begegnen, dann bist du schon vor mir da.

So wird es stets sein. Deine Liebe ist immer zuerst da. Sie ist allgegenwärtig und verändert sich nie. Tag für Tag, Minute für Minute bist du, mein Gott, bei mir und liebst mich zuerst.

Ich neige mich vor deiner alles umfassenden Liebe.

Amen.

Weil du mich liebst, Herr, kann ich lieben.
Du bist es, der mir alles gibt.
Weil du vergibst, kann ich vergeben,
denn du hast mich zuerst geliebt.

AMEN.

AGAPEGEBET VON JOHN WESLEY AUS DEM 18. JAHRHUNDERT

Lieber Vater!

Ich liebe meine Schwestern und Brüder. Ich liebe sie, weil du sie liebst. Ich liebe sie, obwohl sie Fehler haben und Fehler machen.

Vater, ich vergebe ihnen, wo sie sich gegen mich gewandt haben.

Ich bitte für mich selbst im Namen Jesu um Vergebung, wo ich nicht liebte, wo ich mich von ihnen absetzte, wo ich sie verurteilte und über sie verächtlich dachte und redete.

Vater, ich will mein Herz, meine Gedanken und meinen Mund bewahren, dass sie nichts Negatives und Zerstörerisches denken und sagen über meine Geschwister.

Negatives über andere erzähle ich nicht mehr weiter!

Und wo ich von Unsegen höre, soll das von nun an nur noch ein Anlass sein zu vergeben, zu segnen und zu lieben.

Heiliger Geist, fülle mich bitte mit deiner göttlichen Liebe, dass ich davon überfließe! Nur durch dich wird unter uns das Wunder von Liebe und Einheit wahr.

DANKE! AMEN.

Du bist ein Geist der Liebe, ein Freund der Freundlichkeit, willlst nicht, dass uns betrübe Zorn, Zank, Hass, Neid und Streit. Der Feindschaft bist du feind, willst, dass durch Liebesflammen sich wieder tun zusammen, die voller Zwietracht sind.

Paul Gerhardt, Evang. Kirchengesangbuch 133, 7

Wie Gott, der Vater, zu seinen Töchtern und Söhnen redet

Meine lieben Töchter und Söhne!
Ob ihr steht oder kniet, ob ihr nahe oder fern seid,
ob ihr elend oder ehrenhaft gekommen seid –
ich sehe nicht auf eure Hände oder Füße, nicht auf euren Leib;
denn Hände kann man waschen und mit einem Ring zieren.
Füße kann man salben und mit Schuhen schützen.
Leiber kann man reinigen und mit Festgewändern kleiden.

Ich suche euer Herz!
Das verzagte Herz, das vor Versagen schmachtet,
und das stolze Herz, das in Überheblichkeit verachtet.

Ich suche dein Herz!
denn mein Herz sehnt sich nach dir.
Dein schwaches Herz will ich stärken, dass es fest werde.
Dein stolzes Herz will ich lieben, dass es weich werde.

WIE KANN ICH DIR MEIN HERZ ZEIGEN,
meine Tochter, mein Sohn?
Sieh meine Hände an und du siehst mein Herz!
Dein Name ist in meine Hände gezeichnet.
Ich habe dich lieb!
Meine Hände sind gezeichnet von den Wundmalen der Nägel.
Sie sagen dir: Ich habe dich erlöst, und du darfst heil werden!

HEIL *von den Verletzungen der Seele,*
heil von den Schändungen deines Leibes,
heil von der Härte deines stolzen, selbstgerechten Wesens.

MEINE HÄNDE *reden von der Zartheit meines Erbarmens.*
Sie reden von Annahme und Nähe, von Zuwendung und Innigkeit.
Sie drücken dich mit sanfter Gewalt an mein Herz.
Hier ist Raum für deine Verletzungen und für deine Verhärtungen.
Meine Hände halten dich, den Knieenden und dich, den Stehenden, den Heimgekehrten und den Daheimgebliebenen.
Mein mütterliches Herz spricht: Wie freue ich mich, mein Kind –
denn du warst tot und bist lebendig geworden.
Und mein väterliches Herz spricht: Auch du warst tot,
doch du sollst leben – leben aus der Fülle,
›denn alles, was mein ist, ist auch dein!‹

Meine Söhne und meine Töchter,
ich habe mein Herz in den Händen.
Und diese Hände sind offen für euch –
offen zum Segnen,
offen zum Heilen!

aus ›Heile Beziehungen‹ von Dieter Theobald (Hänssler)

Zum Abschluss der Gesprächsrunde kann die/der Verantwortliche ein Segensgebet sprechen:

Segensgebet Patricks,
des Apostels von Irland

Der Herr sei vor dir, um dir den rechten Weg zu zeigen.
Der Herr sei neben dir, um dich in die Arme zu schließen,
und dich zu schützen gegen Gefahren.
Der Herr sei hinter dir, um dich zu bewahren vor der Heimtücke des Bösen.
Der Herr sei unter dir, um dich aufzufangen, wenn du fällst.
Der Herr sei in dir, um dich zu trösten, wenn du traurig bist.
Der Herr sei um dich herum, um dich zu verteidigen, wenn andere über dich herfallen.
Der Herr sei über dir, um dich zu segnen.
So segne dich der gütige Gott, Vater, Sohn und Heiliger Geist, heute und morgen und für immer.

Amen.

Text und Melodie: Manfred Siebald

Dm7 G7 C D7
kei - ner paßt sich im - mer an. Und wir ler - nen,
kei - ner ist nur im - mer Last. Je - dem wur- de
kei - ner, der schon al - les hat. Je - der lebt von
D. C. al Fine
Em Am7 D7 G G7
wie man strei - ten und sich den-noch lie - ben kann.
schon ge - hol -fen; je - der hat schon an - ge - faßt.
al - len an - dern; je - der macht die an - dern satt.

Ach komm, füll unsre Seelen ganz

Du willst den Tod des Sünders nicht, / du gehst mit uns nicht ins Gericht; / wie dürften wir denn richten? / Laß immer mild / des Nächsten Bild / durch unser Wort sich lichten.

Das ist der Liebe freundlich Amt, / daß sie zurechtbringt, nicht verdammt; / ach wer steht unbescholten? / Und was sind wir, / Herr Gott, vor dir, / daß wir verdammen sollten?

Herr, leucht in uns mit deiner Gnad, / wenn uns des Nächsten Wort und Tat / bringt Kränkung, Leid und Schmerzen. / Laß ganz und rein / uns ihm verzeihn / in Wahrheit und von Herzen.

Du reicher Geber aller Hab, / all unser Gut ist deine Gab; / laß sie der Armut fließen / und allgemein / durch Liebe sein. / O hilf das Herz erschließen!

Ach komm, füll unsre Seelen ganz, / du gnadenreicher Liebesglanz, / du väterlich Erbarmen! / Von deiner Glut / laß Herz und Mut / recht inniglich erwarmen.

Text: Viktor Friedrich von Strauß und Torney 1843
Melodie: Mein schönste Zier und Kleinod bist (Nr. 473)

Zum Ausreißen, Ausfüllen bzw. für Gesprächsteilnehmer vervielfältigen

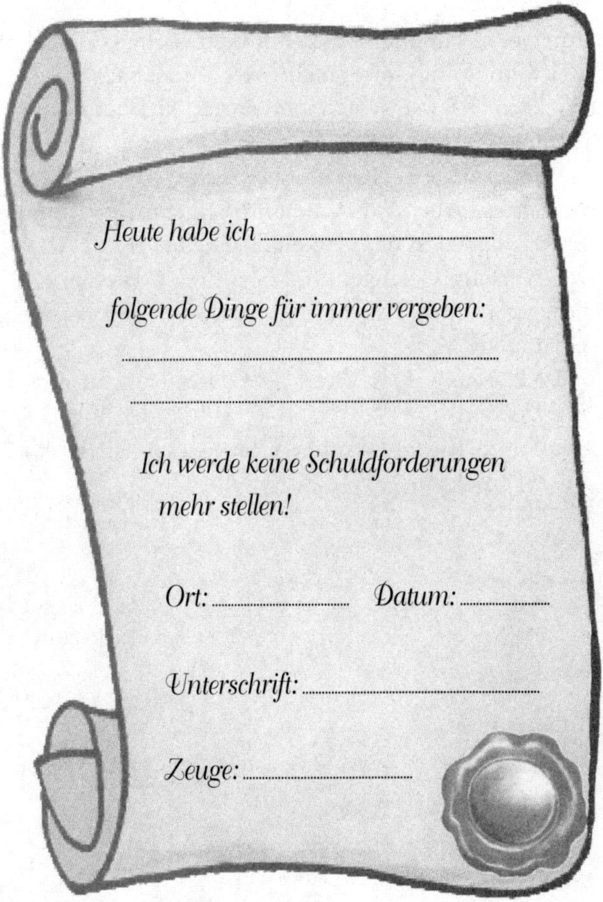

Literaturhinweise

Hannelore Risch: Was Frauen mit Gott erleben (Hänssler)
Reifwerden für Gottes neue Welt (Brockhaus)

Corrie ten Boom: Mit Gott durch dick und dünn (Brockhaus)

Betty Tabscott: Freigemacht... ! (Leuchter)

Jerry Cook: Liebe, Annahme und Vergebung – Impulse für das Leben in der Gemeinde (Hänssler)

Helge Norseth: Gefangen und doch frei (Hänssler)

Dewey Bertolini: Ich hätte ihn umbringen können! (Blaukreuz-Verlag)

Floyd Mc Clung: Das Vaterherz Gottes (Jugend mit einer Mission)

James Smith/Richard Foster: Dass Gott mich wirklich liebt! (Brockhaus)

u.a